関西 MUSEUM GUIDE

朝日新聞出版

はじめに

旅に出たくなるのは、日常から離れてゆったりリラックスしたり、体も心もすっきりリフレッシュしたいとき。新しい体験で、子どもみたいにワクワク気分を味わいたいとき。

そう考えてみると、旬のアートにココロときめいたり、思いもよらない歴史や技術にびっくりしたりと、非日常に出会えるミュージアムは、絶好のお出かけ先

兵庫県立美術館（P.24）の大階段前
ヤノベケンジ《Sun Sister「なぎさ」》

といえそうです。

本書では京都・大阪・神戸を中心に、関西と周辺のミュージアム・施設を80件紹介しています。古都の歴史や名建築はもちろん、思わず目を見張る社寺・豪商のお宝や技を凝らした工芸品あり、ご当地ゆかりのサブカルチャーもあり。関西を凝縮したような個性豊かなラインナップです。

旅の思い出に一度足を運ぶもよし、繰り返し訪れて隅々まで愛でるもよし。一瞬で非日常への旅に誘うミュージアムへ、ふらっと出かけてみませんか。

KANSAI MUSEUM GUIDE

目次

本書をご利用になる前に

データのアイコンについて

レストラン　カフェ　車いすでの見学可能　コインロッカー　ショップ

㊟住所　電話番号　時開館・営業時間　休休館日・定休日　¥料金　交交通

ご注意

- **本書に掲載したデータは2025年2月現在のものです。**
- 原則として、取材時点での税率をもとにした消費税込みの料金を表示していますので、ご利用の際はご注意ください。
- 商品により、軽減税率の対象となる場合などで料金が異なる場合があります。
- 掲載作品のうち所蔵先の記載のないものは、紹介するミュージアムの所蔵品です。
- 開館・営業時間は原則として、施設は開館～閉館時間を、店舗では開店～閉店時間（LOとある場合はラストオーダーの時間）を表示しています。詳細は各施設へお問い合わせください。
- 休館日・定休日は原則として、展示替え期間、年末年始、臨時休業などを除いた日のみを掲載しています。祝日の表記には振り替え休日も含みます。設定の詳細は各施設へお問い合わせください。
- 施設の料金は常設展の大人料金を表示しています。特別展など別途料金が必要な場合があります。レストランや宿泊施設は基本的にサービス料込みの料金を記載しています。
- 「車いすでの見学可能」の判断基準は各施設に準じます。
- 本書出版後、内容や料金などが変更となる場合がありますので、あらかじめご確認のうえお出かけください。
- 本書に掲載された内容による損害等は弊社では補償しかねますので、あらかじめご了承ください。

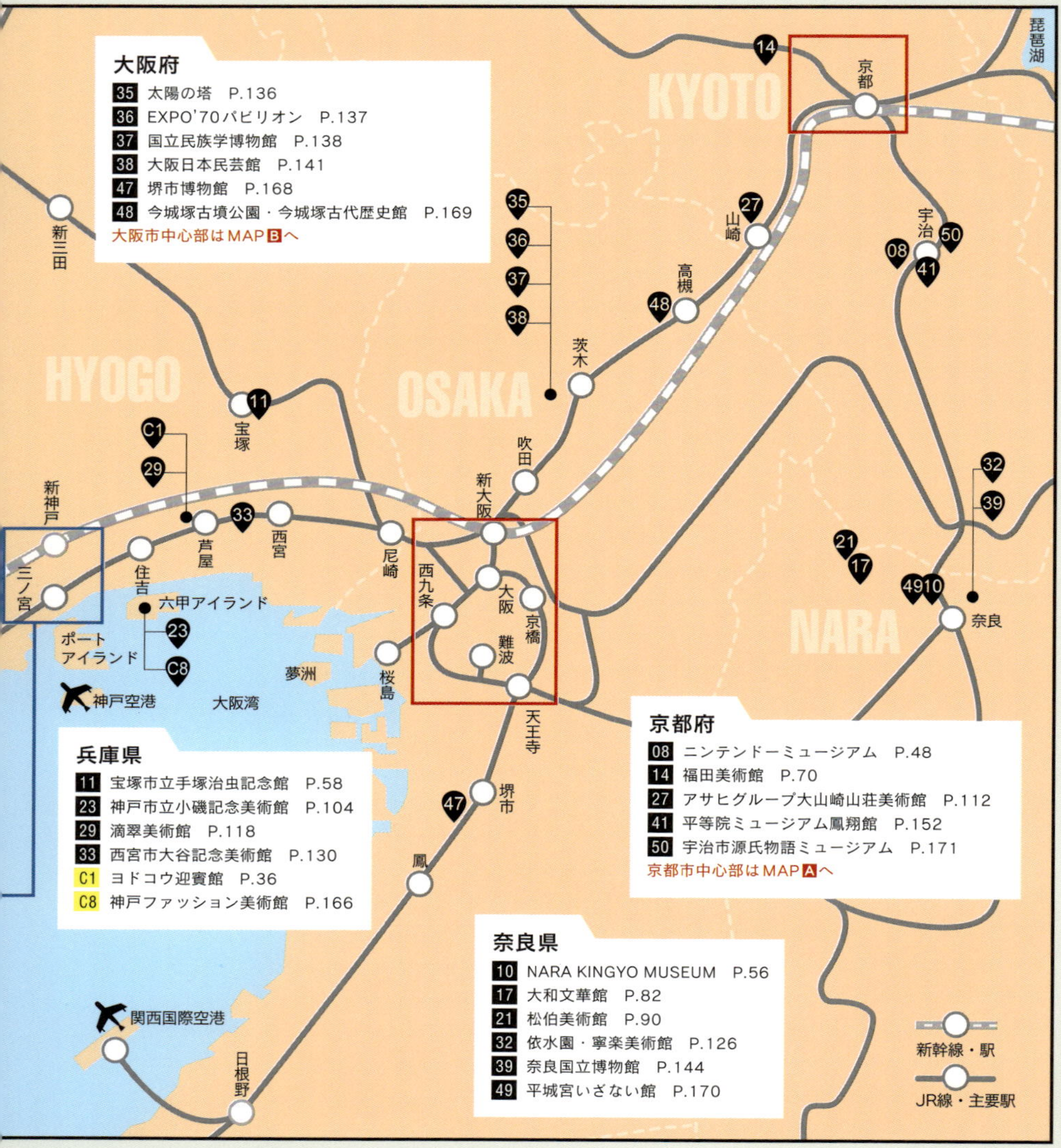

大阪府

- 35 太陽の塔 P.136
- 36 EXPO'70パビリオン P.137
- 37 国立民族学博物館 P.138
- 38 大阪日本民芸館 P.141
- 47 堺市博物館 P.168
- 48 今城塚古墳公園・今城塚古代歴史館 P.169

大阪市中心部はMAP B へ

兵庫県

- 11 宝塚市立手塚治虫記念館 P.58
- 23 神戸市立小磯記念美術館 P.104
- 29 滴翠美術館 P.118
- 33 西宮市大谷記念美術館 P.130
- C1 ヨドコウ迎賓館 P.36
- C8 神戸ファッション美術館 P.166

京都府

- 08 ニンテンドーミュージアム P.48
- 14 福田美術館 P.70
- 27 アサヒグループ大山崎山荘美術館 P.112
- 41 平等院ミュージアム鳳翔館 P.152
- 50 宇治市源氏物語ミュージアム P.171

京都市中心部はMAP A へ

奈良県

- 10 NARA KINGYO MUSEUM P.56
- 17 大和文華館 P.82
- 21 松伯美術館 P.90
- 32 依水園・寧楽美術館 P.126
- 39 奈良国立博物館 P.144
- 49 平城宮いざない館 P.170

WIDE AREA

- T1 和歌山県立近代美術館 P.208
- T2 MIHO MUSEUM P.210
- T3 佐川美術館 P.212
- T4 大塚国際美術館 P.214
- T5 四国村ミウゼアム P.216
- T6 大原美術館 P.218
- T7 下瀬美術館 P.220
- C2 植村直己冒険館 P.62

00 テーマ別　C コラム　S エリアさんぽ　T アートトリップ

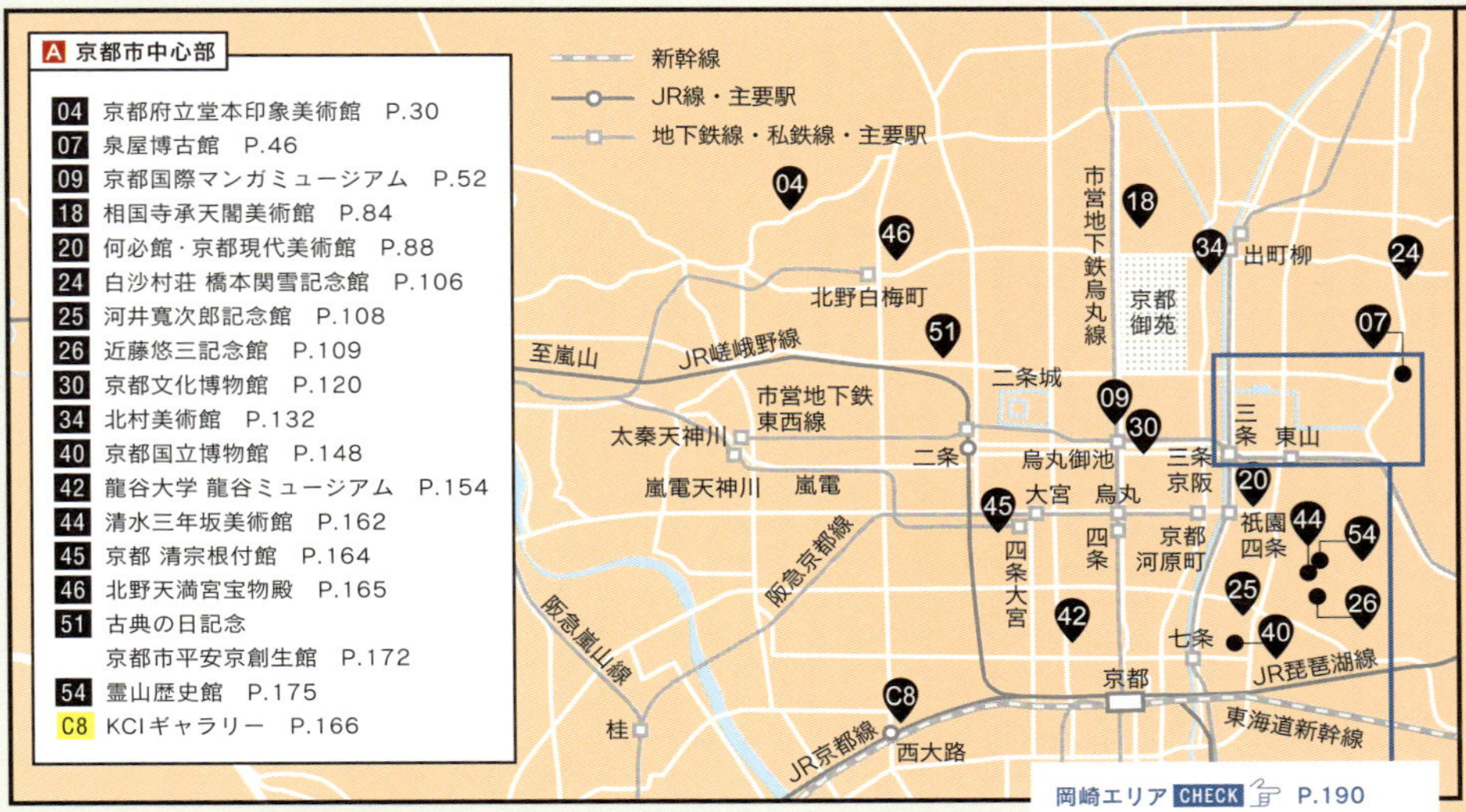

A 京都市中心部

岡崎エリア CHECK P.190

三宮エリア CHECK P.198

B 大阪市中心部

中之島エリア CHECK P.182

①

気になるテーマ別

この美術館に行きたい！

KANSAI
MUSEUM GUIDE
LET'S GO TO SPECIAL MUSEUM

ひとくちにミュージアムといっても、その性格は千差万別。
気になるテーマがあったら、気軽に覗いてみて！

Wow!

①

気になるテーマ別
この美術館に行きたい！

KANSAI MUSEUM GUIDE
LET'S GO TO SPECIAL MUSEUM

☆ ☆ ☆

空間に値打ちあり。

どこか温もりを感じる近代建築も、
気鋭の建築家によるシュッとした現代建築も。
作品を取り巻く空間が丸ごとアートです。

no. 01

大阪・中之島

国立国際美術館

展示室は全て地下！の現代美術発信地

青空に向かって数多の銀パイプがのびやかにうねる大空間！　ここは国内外の現代美術作品が集う、国立国際美術館。その開設は1977（昭和52）年。もともと大阪で開かれた日本万国博覧会（1970年）で世界各国の品々を展示した万国博美術館の建物を活用していたが、2004（平成16）年に万博記念公園から中之島に移転。シーザー・ペリ設計による斬新なデザインが目を引く、完全地下型の美術館へと生まれ変わった。

入口は地上にあり、天窓から降り注ぐ光に誘われるようにエスカレーターで地下1階へ。そこはカフェやショップ、情報コーナーなどがあり、誰もが無料で利用できるパブリックゾーン。さらに地下2階へと進む吹き抜けでは、ジョアン・ミロの陶板壁画《無垢の笑い》が、訪れる人を大らかに迎えてくれる。

オフィス街に突如として現れるオブジェのような外観。竹の生命力と現代美術の発展・成長をイメージした姿は、まるで船のようにも見える。ちなみに大阪一高いあべのハルカス（P.142）もペリの設計

ジョアン・ミロ《無垢の笑い》(1969年)。1970年大阪万博のガス・パビリオンのために制作された巨大な陶板作品

☆ ☆ ☆

地下3階まで光を届ける巨匠ならではの巧みな技

世界でも珍しい完全地下型の美術館となった理由は、実は隣接する大阪市立科学館の地下を敷地として活用したから。設計はニューヨーク近代美術館の増築などでも腕を振るった建築家、シーザー・ペリによる。展示室は地下2・3階にあるが、ガラス張りの天井から吹き抜けを通って陽が差し込むため、地下とは思えないほど明るく開放的。

2

1

1.1階エントランス。ガラス張りの天井からさんさんと光が差し込む。中央のエスカレーターから展示室へと向かう　2.地下3階まで吹き抜けを通して自然光が届く

地下1階から屋根の外へとのびるステンレスの支柱は、生命力あふれる竹がモチーフ。差し込む光は時間に応じて変化するため、館との調和を図って支柱の角度が考慮されている

☆ ☆ ☆

所蔵数は国内最大規模！
現代美術の殿堂

1945（昭和20）年以降に発表された現代美術作品を中心に、国内最大規模の約8200点を収集・保管・展示。コレクションにはアンディ・ウォーホルやパブロ・ピカソ、横尾忠則、草間彌生、ヤノベケンジなど現代アートを語る上で欠かせない重要なアーティストの作品が多数。年2、3回開催されるコレクション展で公開されている。

1.館内を歩いているだけでいろんなアート作品と出合える　2.地下1階に常設展示されている高松次郎《影》（1977年）。人間のシルエットを描く高松の代表作「影」シリーズのひとつ

1

2

2024年度のコレクション展のひとつ「彼女の肖像」の展示

☆ ☆ ☆

工夫が凝らされたフロアを歩いて みんなで現代アートと対話

来場者を出迎える地下１階の床は、光が当たるとキラキラ輝くスペイン産大理石がモザイク状に敷き詰められている。そして展示室の床には木の断面が見える木口《こぐち》を使用。靴音が響きにくく落ち着いて鑑賞できる。展覧会図録などが閲覧できる情報コーナーや絵本がそろうキッズルームもあり、幅広い世代が気軽にアートと触れ合える空間だ。

1

3

2

1.地下2階の床に敷かれているのは木口。木の断面の表情も趣深い　2.アート系絵本も充実のキッズルーム。利用が無料なのもうれしい　3.空中を彩るのは、アレクサンダー・コールダー《ロンドン》(1962年)

shop

外観をモチーフとした オリジナルグッズも人気

オリジナルマグカップ 1320円

オリジナルクリアファイル157円

美術館建物や所蔵作品の高松次郎《影》をモチーフとしたオリジナルグッズ、展覧会関連商品に加え、アート系雑貨が豊富なのでプレゼント探しにもぴったり。

国立国際美術館 ミュージアムショップ

㊔ 06-4803-6100
㊕ 10:00～17:00、金・土曜～19:00
㊡ 国立国際美術館に準ずる

国立美術館 アートカード・セット3080円

CHECK グッズはP.176もチェック

cafe & restaurant

アート鑑賞の前後は 人気店の味を気軽に

大阪・本町「ビストロ 隠」のシェフ隠岐岳輝さんによるカフェ＆レストラン。名物の「痺れナポリタン」など洋風のランチメニューが人気を集めている。

CAFE & LOBBY 隠::IN (カフェアンドロビー いん)

㊔ 090-2735-3909
㊕ 11:00～17:00 (16:30LO)、金・土曜～20:00 (19:30LO)
㊡ 国立国際美術館に準ずる

国立国際美術館　こくりつこくさいびじゅつかん

㊟ 大阪市北区中之島4-2-55　㊔ 06-6447-4680
㊕ 10:00～17:00 (最終入館16:30)、金・土曜～20:00 (最終入館19:30)
㊡ 月曜 (祝日の場合翌日)　¥ コレクション展430円 (特別展は展覧会により異なる)
㊫ 京阪渡辺橋駅2番出口から徒歩約5分、Osaka Metro肥後橋駅3番出口から徒歩約10分

旧正面玄関から２階へと上がる階段は荘重な雰囲気の石造り　撮影：来田猛（P.18・19）

no.02

京都市京セラ美術館

京都・岡崎

過去と現代、未来が交わる美の殿堂

１９３３（昭和８）年に創建された京都市美術館。２０２０年春には創建当初の空間や意匠を最大限保存しつつ、京都市京セラ美術館としてリニューアルオープンを遂げた。

現存する日本の公立美術館建築では最も古く、洋風建築の上に千鳥破風の屋根がのる和洋折衷の建物は荘厳な佇まい。それとは対照的に新設された地下エントランスにはなめらかなラインのガラス壁「ガラス・リボン」が一面に。そのエントランスを通り1階へ上がると、白を基調とした中央ホールが広がる。木の温もりも感じられるこの大空間は、名品に向かい合う前に気持ちを整えるのにもぴったり。

館内には東西南北に広間があり、なかでも西広間は大理石の階段や豪華な装飾など見どころが随所にある。建築好きにはたまらない空間だ。

中央ホールにはらせん階段と中央階段、2階の通路が新設された

3

1

2

1.西広間では日本の伝統的な格天井に洋風のステンドグラスがはめ込まれている　2.壁のライトも創建当時のままの姿　3.本館正面2階の貴賓室（通常非公開）。彫り込みのある木製建具や照明に気品が漂う

「東山キューブロビー」の大きな窓から日本庭園を一望。ほっと落ち着ける空間

☆ ☆ ☆

レトロとモードが融合した風格ある無類の美的空間

本館のクラシカルなデザインや装飾をなるべく残してリノベーション。大理石やタイルなどの質感からも、開館から90年以上にわたり多くの人に愛されてきた歴史が偲ばれる。1971（昭和46）年に川崎清が設計し増築した収蔵棟は、改築によって現代アートを展示する新館「東山キューブ」に変身。「東山キューブロビー」が本館と新館をつないでいる。

北回廊の中庭「光の広間」。2階にバルコニーを設け、ガラスの大屋根をかけて光が差し込む空間になった

撮影：来田猛（P.20の1～3、P.21）

1

2
（五代）清水六兵衛
《大礼磁仙果文花瓶》 1926年

竹内栖鳳《絵になる最初》 1913年 3

重文
／OTAKARA＼

1.季節ごとのテーマに沿って展示されるコレクションルーム　2.オウムの羽や羽毛も精緻に表現された清水六兵衛の独自技法の代表作　3.京都画壇の近代化を牽引した竹内栖鳳の名作で、国の重要文化財

☆ ☆ ☆

コレクションの中核をなす 京都画壇の作品群は国内随一

近代以降の日本画、洋画、彫刻など収蔵品は約4400点。なかでも上村松園、竹内栖鳳といった京都画壇の作品群は近代日本画を代表する名品がそろう。コレクションルームの南回廊1階では季節に合わせた作品を展示。南回廊2階は自然光のもとで鑑賞でき、空間の意匠も創建当時のまま。やはり重厚な空間を生かす北回廊では、特別展や国際巡回展などを開催。

☆ ☆ ☆

京都ゆかりの新進作家と 出会える現代美術の発信地

敷地の北西角の地下1階には京都ゆかりの新進作家の作品を中心に発信するスペース「ザ・トライアングル」が。誰もが気軽に現代美術に触れられる場となるようにと、企画展シリーズを開催している。美術系大学が多く、若手作家も輩出する京都だけにどんなアーティストに出会えるのか期待感が高まる。「ザ・トライアングル」へは地上からも、地下1階からもアクセス可能。

「作家・美術館・世界（鑑賞者）」の３者を結ぶ拠点
「ザ・トライアングル」の上部、北西エントランス

撮影：来田猛

☆ ☆ ☆

入場フリーの場所も！
屋外空間で至福の時を

この美術館のもうひとつの楽しみは屋外空間。池の畔で折々の眺めが楽しめる日本庭園や、東山キューブの開放感ある屋上、クラシカルな雰囲気の本館南回廊の中庭「天の中庭」と、それぞれのカラーを備えた心地よい空間が待っている。鑑賞して疲れた足を癒すのも、ゆったり名品たちを振り返るのもよし。日本庭園、東山キューブ屋上は入場フリー。

1

3

2

1.地元の人が散策や休憩をする姿もよく見られる日本庭園。七代目小川治兵衛が作庭に携わったともいわれ、東山の借景も美しい　2.東山キューブの屋上「東山キューブ・テラス」には階段状のベンチが　3.南回廊の中庭「天の中庭」は、新鮮な空気に触れられるリラックス空間

撮影：来田猛（1・3）

shop

思わず手にとりたくなる
おしゃれなアイテムがずらり

京都のPullst cafe特製の手作りマスタード。P.mustard（通常）1026円、（ピリ辛）1134円

美術館のロゴ入りグッズから図録、展覧会関連グッズ、美術・建築書に、京都の伝統工芸を生かした限定商品、オリジナルフードまで実に豊富なラインナップ。

ART RECTANGLE KYOTO
（アート レクタングル キョウト）

㊂ 075-757-6996　㊕ 10:30～18:30
㊡ 京都市京セラ美術館に準ずる

CHECK グッズはP.176もチェック

cafe

ガラス・リボン沿いに広がる
くつろぎの場所

京都の食材を取り入れたメニューが人気。予約制で美術館の敷地内や岡崎エリアにお弁当やドリンクを持ち出せるピクニックプランも利用できる。

ENFUSE（エンフューズ）

㊂ 075-751-1010
㊕ 10:30～19:00（18:00LO）
㊡ 京都市京セラ美術館に準ずる

CHECK カフェはP.94もチェック

京都市京セラ美術館　きょうとしきょうセラびじゅつかん

㊟ 京都市左京区岡崎円勝寺町124　㊂ 075-771-4334
㊕ 10:00～18:00（最終入場時間は展覧会により異なる）
㊡ 月曜（祝日の場合開館）
¥ コレクションルーム730円（企画展等は展覧会により異なる）
㊋ 京都市営地下鉄東山駅1番出口から徒歩約8分、京阪三条駅から徒歩約16分

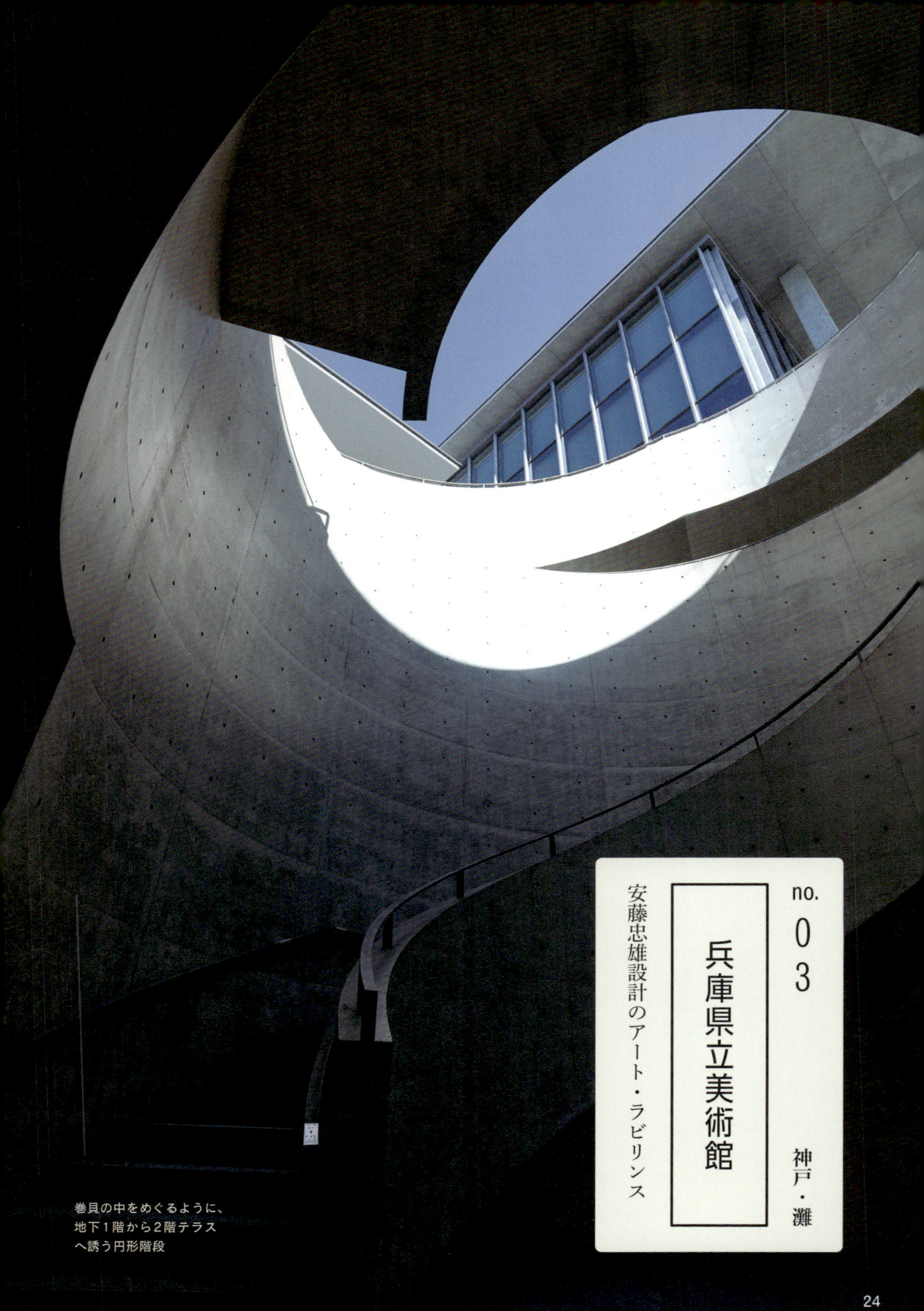

no. 03

兵庫県立美術館

神戸・灘

安藤忠雄設計のアート・ラビリンス

巻貝の中をめぐるように、
地下1階から2階テラス
へ誘う円形階段

「海のデッキ」に設置された安藤忠雄氏寄贈のモニュメント《青りんご》

なぎさ公園(神戸市水際広場)と一体的に建てられた、打ちっぱなしコンクリートの美術館。ストイックさと自然環境との融合を追求する建築家・安藤忠雄氏が設計を手掛けた。六甲山を背に北側から見る外観はとてもシンプル。そのクールで奥行きある建物を抜けると瀬戸内海が広がり、まるでギリシャ神話の迷宮に遊ぶかのような開放感とワクワク感が押し寄せてくる。

東西南北4方向に出入口があるので、鑑賞ルートはさまざま。長廊下とスロープと階段が織りなす空間を進むうちに、ここは何階のどこなのか、中なのか外なのか、不思議な気持ちになる。意外な景色や作品と出くわすのも楽しい。屋外彫刻を含め、展示作品の多様さも魅力。発見に満ちたこの〝アート・ラビリンス〟は、ぜひ半日はかけてさまよい歩いてほしい。

海側の外観。円形テラスの階段は
次なる異空間へ来場者を誘う

2　1

☆ ☆ ☆

歩いて、眺めて、くつろいで 光と影が移ろう開放空間

水平方向にも上下方向にも見通しのよい空間設計。海に向かって開かれた屋外の大階段では歩きながら、あるいは腰を下ろしてのんびりと、景色、陽光、風が味わえる。また、安藤忠雄建築の大きな特徴である光と影のコントラストも美しい。天候や時間の経過と共に、ガラス壁から巧みに採り入れられた外光が空間を表情豊かに彩るさまも楽しもう。

1. モビールが揺れる常設展示領域の一角。〝だまし絵〟の中にいるような楽しさ　2. 屋外スペース4階「風のデッキ」へ導く階段

☆ ☆ ☆

Ando Galleryで堪能する 国内外の安藤忠雄ワークス

上下2層の展示室では安藤忠雄氏の国内外の仕事を、素描、模型、解説パネルでじっくり味わえる。「住吉の長屋」など原点ともいえる住宅作品、直島の文化プロジェクト、ヴェネツィアの歴史建造物再生プロジェクトなど幅広く紹介。安藤氏が力を注いだ阪神・淡路大震災復興プロジェクトの記録は胸を打つ。入場無料。観覧可能日時は美術館に準ずる。

ヴェネツィアでのプロジェクト《プンタ・デラ・ドガーナ》の精緻な1/30模型

阪神・淡路大震災の復興記録中の素描

3

安藤忠雄氏関連資料を収めた本棚。閲覧は自由で「映え」スポットとしても人気だ

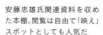

上下２層を貫くガラス壁から外光が降り注ぐAndo Gallery。円形テラスと《青りんご》も見渡せる

☆ ☆ ☆

絵画、彫刻、オブジェ etc.
屋内外の充実コレクション

前身の兵庫県立近代美術館から受け継いできた近現代の絵画・彫刻収蔵作品群は、質量共に充実の内容。その1万3000点を超える中から厳選し、多彩なテーマで展開するコレクション展は見応えあり。金山平三や小磯良平をはじめ、兵庫県ゆかりの画家たちのコレクションも人気。屋外展示の現代作家による彫刻やオブジェも見逃せない。

1

2

3

1.1階の海辺に面したテラスに立つ新宮晋《遙かなリズム》 2.ヘンリー・ムーア《ゴスラーの戦士》。美術館東側の屋外にて 3.金山平三記念室。1883年神戸に生まれた金山は、丁寧で清々しい作風で知られる洋画家。小磯良平記念室と隣り合っている

shop

注目のオリジナルグッズから国内外のデザイングッズまで

サンシスター ダイカットステッカー990円

青りんごビーズブローチ2750円

文房具にフィギュア、インテリア小物など幅広い品ぞろえ。ヤノベケンジ作品のステッカーをはじめオリジナルグッズや、安藤忠雄ファンにはたまらない関連書籍も。

兵庫県立美術館 ミュージアムショップ

㊢ 078-265-6655
㊡㊡ 兵庫県立美術館に準ずる
※営業時間の臨時変更あり

cafe

海辺を見渡すカフェ屋外テラス席もあり

アートめぐりの最中に気軽に立ち寄って、降り注ぐ陽光の中、海や屋外オブジェを眺めながらブレイクタイムを。海風を受けるテラス席も心地良い。

兵庫県立美術館 カフェ

㊡ 兵庫県立美術館に準ずる
※営業時間など詳細は公式サイト参照

兵庫県立美術館　ひょうごけんりつびじゅつかん

㊟ 神戸市中央区脇浜海岸通1-1-1（HAT神戸内） ㊢ 078-262-1011
㊡ 10:00～18:00（展示室最終入場17:30）
㊡ 月曜（祝日の場合翌日）※メンテナンス休館あり
¥ コレクション展550円（特別展は展覧会により異なる）
㊋ 阪神岩屋駅から徒歩約8分、JR灘駅南口から徒歩約10分

兵庫県立美術館からアートなお散歩へ

ミュージアムロード

撮りどころがいっぱい

兵庫県立美術館前～神戸市立王子動物園（阪急王子公園駅から徒歩約3分）

Ⓒ **ヤノベケンジ《Sun Sister「なぎさ」》**

高さ約6m。手にしているのは未来の希望を象徴する「輝く太陽」

巨匠から新進作家まで ぶらぶらパブリックアートめぐり

「ミュージアムロード」とは、兵庫県立美術館からJR灘駅を抜けて神戸市立王子動物園へと続く、南北約1.2kmの道。風景に溶け込むように設置された40作品以上に及ぶパブリックアートを楽しみながらお散歩してみては。周囲には、BBプラザ美術館、兵庫県立美術館王子分館 原田の森ギャラリー、横尾忠則現代美術館、神戸文学館（国登録有形文化財）などのアートスポットもある。各施設と連携して開催されるワークショップは大人も子どもも参加できるものが多く、それとあわせてめぐるのもおすすめ。

Ⓓ **元永定正《きいろとぶるう》**

漢字「人」にも見える。支え合うことで生まれる力を表現

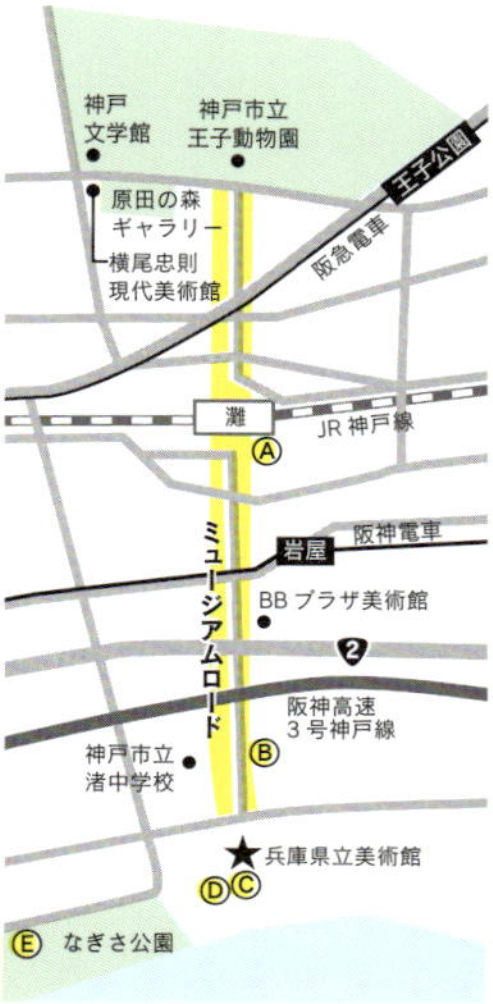

Ⓐ **榮元正博《ミュージアムロード サインモニュメント》**

JR灘駅南側広場に設置。斜め横から見ると、また異なる見え方が

Ⓔ **名和晃平《Ether (family)》**

家族のように寄り添う滴の群。水滴と重力、地面の関係を反転させ、生命の連なりを象徴した彫刻

Ⓑ **椿昇《PEASE CRACKER》**

高さ4m・長さ8m。サヤエンドウがモチーフ。下には豆形ベンチが

ロビーの壁を華やかに彩る作品は《蒐核（しゅうかく）》。近づくと色ガラスや金銀の包装紙がちりばめられているのがわかる

no.04

京都・衣笠

京都府立堂本印象美術館

建物まるごと作品！のアート空間

金閣寺から龍安寺、仁和寺へと3つの世界遺産をめぐる「きぬかけの路《みち》」沿いに、大胆なレリーフが壁に施された奇抜な建物が現れる。訪れる人が誰しも目を奪われるここは、日本画家の大家・堂本印象が、外観から内装まで自らデザインした美術館である。

印象は1891（明治24）年に生まれ、繊細な具象画で画壇の花形となった。戦後は渡欧をきっかけに前衛芸術に共鳴し、抽象表現に傾いていく。その華麗なる変遷の集大成として1966（昭和41）年、この美術館を完成させた。玄関の大きな柱、ステンドグラスや木彫椅子、ドアノブなど細部にわたるまで印象の手によって意匠が凝らされ、見どころが尽きない。

2600点を超える所蔵作品の中からテーマに応じて選び出し、年に4回ほどの企画展を開催。印象が描いた美の世界に没入できる空間だ。

庭園にも印象がデザインした椅子が配されている

大胆なレリーフが施された真っ白な壁に
金色のアクセントが目を引く外観

楽器を奏でる天使などが描かれたステンドグラス《楽園》。回廊南壁面に展示されている

エントランスの壁や柵にも心が躍るリズミカルな装飾が

金色を随所に用いた案内表示やドアノブの装飾にも注目。3階の「サロン」には印象が使った絵の道具などがあり、そちらも必見だ

☆ ☆ ☆

画家の遊び心に満ちた館内は見どころだらけ！

館内は本館、新館、サロンの3つの空間で構成され、展示室へと続く廊下にもアートが満載だ。福井地方裁判所の玄関ホールを飾るステンドグラスを3分の1サイズに縮小して制作したものや、鑑賞の合間に休んでもらおうと印象がデザインした椅子、多彩な装飾が施された扉や壁面なども要チェック。空間全体が作品としてつくり込まれている。

木製の椅子の背もたれや座面のデザインは1脚ごとに異なる

1

堂本印象《木華開耶媛》 1929年

1.木華開耶媛（このはなさくやひめ）は日本神話に登場する女神。春の草花が満開の野に白衣をまとう姿は、古代の神秘性と官能性を漂わせる　2.のどかな春の野に5羽のウサギが遊ぶ。三菱財閥の総帥・岩崎小彌太の還暦祝いとして描かれた　3.抽象表現の代表作。交錯する墨線や、飛び散る金箔によって絵の中に交響曲を表現

2

堂本印象《兎春野に遊ぶ》 1938年

3

堂本印象《交響》 1961年

☆ ☆ ☆

具象から抽象へ。華麗なる変遷を遂げた希代の画家

西陣織の図案描きを経て日本画家を志した堂本印象は、その60年にわたるキャリアのなかで次々と画風を変貌させた。戦前は花鳥画をはじめ風景画、人物画、仏画など伝統的なモチーフによる絵を描き、戦後になると趣向をガラリと変えて自由な抽象表現の世界を探求するように。国際的な評価も高まり、1961（昭和36）年には文化勲章を受章している。

1

☆☆☆

緑と印象モチーフに心潤うお散歩＆お菓子タイムを

樹木が生い茂る庭園にも、印象がデザインした個性的なベンチや椅子が配されている。野外の展示スペースにもなっていて、彫刻展や生け花展が開かれることも。庭園は美術館の入場券を買わなくても利用が可能。ミュージアムショップでは近隣の菓子老舗が作った印象の作品をモチーフにした和菓子も販売。目で舌で印象の生み出した形をぜひ楽しんで。

1.ベンチや椅子が点在。好みのものに腰かけて癒しの時間が過ごせる　2.菓子老舗「笹屋守栄」製の羊羹「光る窓」1250円。ロビー壁面の《蒐核》(P.30) をモチーフに、3層から成る繊細な棹菓子が誕生した　3.庭園には小高い丘につながる散策路もあり、緑の香りを感じながら歩くのもおすすめ

3

2

shop

作品を多彩にデザイン！目移り必至のオリジナルグッズ

エントランスの階段を上がったロビーの一角にあるミュージアムショップでは、堂本印象をはじめ所蔵作品をモチーフにしたバッグ、文房具などのオリジナルアイテムを多彩にそろえている。印象の作品からイメージされたアートな特製羊羹も大好評だ。

京都府立堂本印象美術館
ミュージアムショップ
㊕㊡ 京都府立堂本印象美術館に準ずる

クリアファイル各330円

トートバッグ1650円

一筆箋各600円

マスキングテープ各400円

京都府立堂本印象美術館　きょうとふりつどうもといんしょうびじゅつかん

㊟ 京都市北区平野上柳町26-3　㊣ 075-463-0007
㊕ 9:30～17:00（最終入館16:30）　㊡ 月曜（祝日の場合翌平日）
¥ 展覧会により異なる　㊋ 京都市バス・JRバス立命館大学前から徒歩約1分

MUSEUM COLUMN 1

建物すべてがミュージアム

明治・大正・昭和の数々の名建築が受け継がれてきた関西。そのなかでも建物が〝まるごとミュージアム〟として広く愛されているアートな邸宅をご案内。

フランク・L・ライトが手掛けた芦屋のお屋敷

芦屋川沿いの自然に溶け込むように建つヨドコウ迎賓館は国内に残る数少ないライト建築で、国の重要文化財。近代建築の巨匠、フランク・L・ライトによる設計で、酒造業の名家・山邑家別邸として1924年に竣工。1947年から淀川製鋼所がオーナーに。

ヨドコウ迎賓館（旧山邑家住宅）

ヨドコウげいひんかん（きゅうやまむらけじゅうたく）

(住) 兵庫県芦屋市山手町3-10 (電) 0797-38-1720 (時) 10:00～16:00（最終入館15:30） (休) 月・火・木・金曜 (¥) 500円 (交) 阪急芦屋川駅から徒歩約10分 ※開館日時は変更あり。公式サイトの開館カレンダーを要確認

車寄せ（玄関）

緑茂る斜面に沿って建つ石造り。建物を右に眺めながらアプローチ最奥まで歩くと車寄せ（玄関）が。風合いある大谷石の壁面と床面が印象的。

2階 応接室

木組みの表情が豊かで眺めも素敵

すっきり左右対称で高い天井、奥に暖炉を備える2階応接室。高所に並ぶ通風窓、ドア、窓枠のマホガニーの木組みが美しい。景色をゆったり楽しめるよう、窓辺には長椅子が作り付けられている。

3階 廊下

外光が降り注ぐ趣ある通路

3階に上がると8畳・6畳・10畳の和室が並ぶ。その西側の長廊下は、連続したガラス開口部から降り注ぐ外光が心地よい。屋内と屋外の緩やかなつながりを重視したライト建築らしさがここにも。

4階 食堂

教会を思わせる四角錐の天井

4階の食堂は儀式の場という欧米思想が反映されているらしく、どことなく教会のムード。天井には三角形の小窓が並び、空間にアクセントを添えつつ、換気口としての役割も果たした。※現在、換気口は開かない

3階 家族寝室

3階奥は寝室・浴室・洗面室が配された家族のプライベート空間。家族寝室には竣工90周年を記念して復元された机と椅子が置かれている。

4階 バルコニー

食堂南側から広いバルコニーへ。振り返ると六甲の山々と木立を背景に、庇・台形の屋根・煙突が一体化して見えるようにレイアウトしてある。

MOTIF DESIGN

愛らしいモチーフを探すタノシミ。

ドア・窓・欄間に施された飾り銅板の植物モチーフ。壁面の大谷石に刻まれた幾何学模様。随所に見られる連続模様は、ライト建築の特徴だ。

①

気になるテーマ別

この美術館に行きたい！

KANSAI MUSEUM GUIDE

LET'S GO TO SPECIAL MUSEUM

☆ ☆ ☆

ニュース＆ネオ！

リニューアルが話題の名門美術館から
新しいカルチャーに出会えるミュージアムまで。
ニュースな施設をいち早く体験しよう！

no. 05

大阪・天王寺

大阪市立美術館

約2年半の休館後、待望の再開！

改修工事で1階中央ホールのシャンデリアと天井を取り去ると、現れたのは創建時の天井

正面外観。シンメトリーの和洋折衷式建物で、屋根に和瓦が使われている

２０２２年10月から大規模改修工事のため休館していた大阪市立美術館が、２０２５年３月１日、ついにリニューアルオープンの日を迎えた。日本で３番目に古い公立美術館で、住友家が美術館の建設を目的に、近代日本庭園の名園「慶沢園《けいたくえん》」と共に敷地を大阪市に寄贈したことで開設。１９３６（昭和11）年に建てられた、左右対称の堂々とした和風建築は国の登録有形文化財に指定されている。

今回の改修では、創建時の外観を保ったまま、エントランスやエスカレーターを新設。展示室以外のほとんどのエリアを無料ゾーンとして開放し、開館日を年間３００日に増やすなど、「ひらかれたミュージアム」を目指す。注目は、新たに造られた慶沢園に臨むカフェとテラス。鑑賞の余韻にひたりながら、緑を眺めて一服してみては。

1

2

1.正面には大階段を上らず入館できるよう、エントランスとエスカレーターを新設　2.無料ゾーンには、「慶沢園」に臨むテラスを設置。カフェのドリンクをここで飲むのもおすすめ。画像はイメージ図

撮影：佐々木香輔（2以外）

1 勝部如春斎《小袖屏風虫干図巻》(部分) 江戸時代 18世紀

☆ ☆ ☆

寄贈された名品がたっぷり 市民に愛されてきた美術館

大阪市立美術館のコレクションは、市民からの寄贈が多いのが特徴。日本・中国の絵画、彫刻、工芸などが中心で、館蔵品は約8700件、寺社などからの寄託品は約4800件、合わせて1万3500件以上。リニューアルでは主に1階を企画展示、2階を特別展の会場とし、企画展示では館のコレクションからテーマを変えて公開。どんな作品に出合えるか、繰り返し足を運んでみよう。

1.西宮出身の狩野派絵師による絵巻。小袖や屏風に風を通す虫干しの様子が描かれている 2.大阪市出身の画家・佐伯祐三の油彩画。パリでの挫折後、新たな模索を始めた時期の作品 3.奈良・薬師寺に伝わる大般若経の巻物。470巻以上が現存する、極めて貴重なもの

2 佐伯祐三《教会》 1924(大正13)年

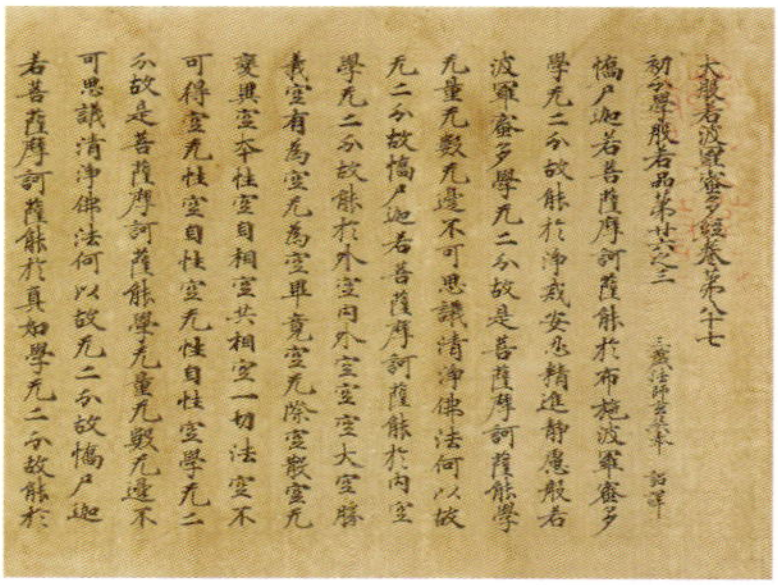

大般若波羅蜜多經卷第八十七
初分摩訶般若品第廿六之三　三藏法師玄奘奉 詔譯
憍尸迦若菩薩摩訶薩能於布施波羅蜜多
學无二分故能於淨戒安忍精進靜慮般若
波羅蜜多學无二分故是菩薩摩訶薩能學
无量无數无邊不可思議清淨佛法何以故
无二分故憍尸迦若菩薩摩訶薩能於内空
學无二分故能於外空内外空空空大空勝
義空有爲空无爲空畢竟空无際空散空无
變異空本性空自相空共相空一切法空不
可得空无性空自性空无性自性空學无二
分故是菩薩摩訶薩能學无量无數无邊不
可思議清淨佛法何以故无二分故憍尸迦
若菩薩摩訶薩能於真如學无二分故能於

3 《大般若経(薬師寺経)》(部分) 奈良時代 8世紀 田万コレクション
重要美術品

\ OTAKARA /

重 文

6

《銅 湯瓶》 鎌倉時代
13〜14世紀 田万コレクション
重要文化財

5

《青磁染付 青海波宝尽くし文皿》
鍋島焼 江戸時代 18世紀
田原コレクション

4

《魚介蒔絵杯》(3枚のうち)
銘 羊遊斎 江戸〜明治時代
19世紀 カザールコレクション

4.江戸時代後期に活躍した原羊遊斎による蒔絵杯。蛸や鯛などの図柄は子孫繁栄を表す 5.江戸時代に肥前国・鍋島藩で焼造された磁器。献上・贈答用で、おめでたい図柄が好まれた 6.仏事の供物や僧侶の手清めの水を入れる水差しで、信貴山形水瓶(しぎさんがたすいびょう)と呼ばれる

3

《青銅鍍金銀　羽人》 中国・後漢時代
1～2世紀　山口コレクション

2

《石造菩薩立像頭部》
［中国河南省・龍門石窟賓陽中洞将来］
中国・北魏　6世紀　江口治郎氏寄贈

☆ ☆ ☆

貴重な中国美術の数々に心を奪われる

国内屈指の中国美術コレクションを所蔵している大阪市立美術館。関西の経済界で活躍した阿部房次郎《ふさじろう》が収集した中国書画、山口謙四郎による中国の石造彫刻・工芸などが中心で、なかでも石仏のコレクションは東京国立博物館と双璧とも言える充実度だという。また、美術館を代表する名品「羽人《うじん》」のどこかユーモラスな造形はインパクト抜群。

1.鄭思肖が亡国に対する思いを根のない蘭の絵に込めた作品。かつては清朝最後の皇帝溥儀が所蔵　2.中国を代表する石窟にあった巨大な菩薩立像の頭部。アルカイックスマイルが印象的　3.尖った耳の形から中国の仙人の一種・羽人とされる。類品は世界に3点だけの貴重な作品

1　鄭思肖《墨蘭図》 中国・元時代　1306（大徳10）年　阿部コレクション

shop

ショップもリニューアル オリジナルグッズは必見

トートバッグ
外観の装飾
1000円

新エントランスに、ミュージアムショップをリニューアルオープン。石造りの洗練された雰囲気の店内で、展示関連のグッズや大阪企業のプロダクトを購入できる。

大阪市立美術館 ミュージアムショップ
(電) 06-6777-9131
(時)(休) 大阪市立美術館に準ずる

CHECK グッズはP.176もチェック

ブック
マーク
橘尽柳川櫛
1000円

cafe

近代日本庭園を眺めて ほっと一息

旧美術ホールを慶沢園に臨むカフェとしてリニューアル。鑑賞後の感動を味わいながら旬の素材や大阪の食文化を生かしたメニューを楽しもう。

ENFUSE（エンフューズ）
(電) 06-6718-5744　(時) 9:30～19:00
(休) 公式SNS参照

カフェ、ショップともに画像はイメージ図

大阪市立美術館　おおさかしりつびじゅつかん

(住) 大阪市天王寺区茶臼山町1-82（天王寺公園内）　(電) 06-6771-4874
(時) 9:30～17:00（最終入館16:30）　(休) 月曜（祝日の場合翌平日）
(¥) 企画展示500円（特別展は展覧会により異なる）　(交) JR天王寺駅中央口から徒歩約10分

新たに増築された、高さ約7mのガラスに囲まれたエントランスとカフェ

no. 06

大阪市立 東洋陶磁美術館

大阪・中之島

2024年4月にリニューアルオープン

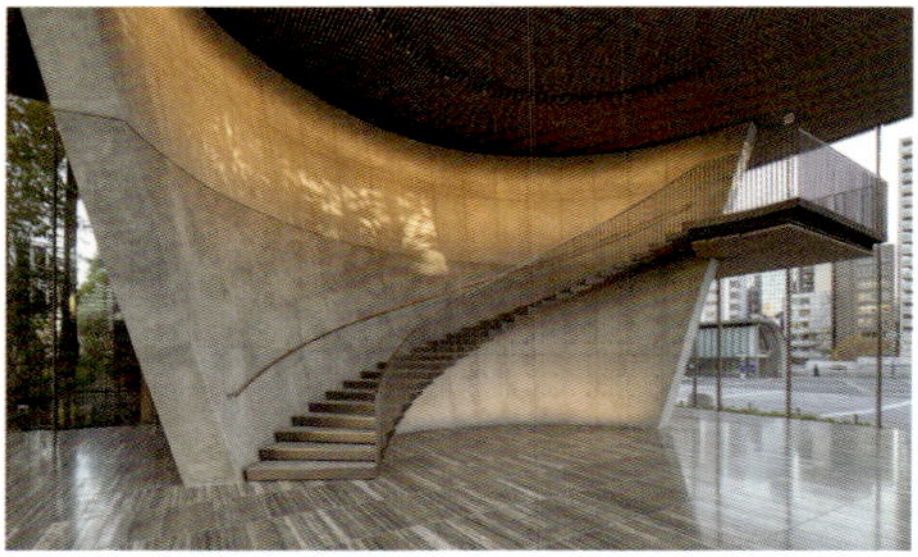

曲面になったコンクリート壁と階段が美しい ©岡本公二

堂島川と土佐堀川に挟まれた緑豊かな中之島公園の中を歩くと、キラキラと輝くガラス張りの建物が見えてくる。2024年にリニューアルオープンした、大阪市立東洋陶磁美術館だ。

1982（昭和57年）、世界的に有名な中国・韓国陶磁を中心とした「安宅コレクション」を住友グループから寄贈されたことを記念し、大阪市が設立。国宝2件、重要文化財13件を含む、世界屈指の東洋陶磁コレクションを有している。

リニューアル工事では、ガラス張りのエントランスとカフェを増築し、開館当時の重厚な外観が、明るく開放的な雰囲気に。

天窓から自然光を取り込む世界初の自然採光展示を導入するなど、陶磁器の魅力を最大限に引き出す仕掛けも見逃せない。自然と調和する陶磁器の美しさを存分に味わおう。

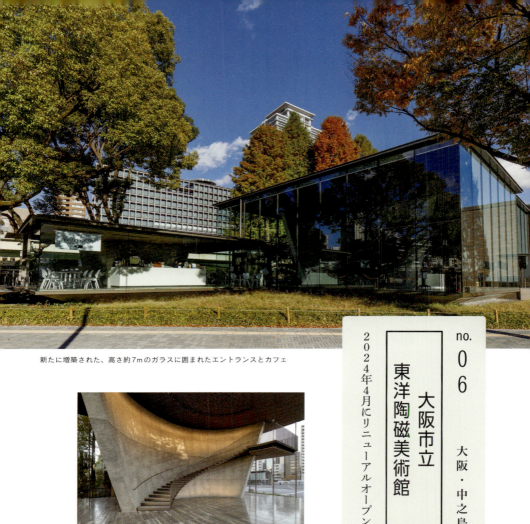

2階ロビーでは中之島公園の緑や堂島川を背景に、時期によって異なる陶芸作品を展示

2

1

1.窓越しに見える緑と堂島川の流れに癒される　2.エントランスに置かれた陶芸作家・橋本知成氏による椅子は座ることも可能

\ OTAKARA /

国宝

飛青磁花生

14世紀

「飛青磁（とびせいじ）」と呼ばれる、釉上に鉄斑を散らした青磁の中でも釉色と鉄斑の現れ方が優れた名品

粉青象嵌蓮花文角杯

15世紀前半

角杯とは獣角で作られた杯だが、後に金属や木などでも作られるようになった。重要美術品

☆ ☆ ☆

国宝・重要文化財を含む 約6000件の陶磁器コレクション

美術館の収蔵品は約6000件で、代表的なコレクションには965件の東洋陶磁からなる「安宅コレクション」、韓国陶磁301件・中国陶磁50件を中心とした「李秉昌《イビョンチャン》コレクション」がある。ほかに、濱田庄司の作品約200件を軸に河井寬次郎など、関連作家の作品を集めた「堀尾幹雄コレクション」等を所蔵。年1～2回の企画展・特別展で公開されるので、ぜひチェックを。

\ OTAKARA /

重文

法花花鳥文壺

15世紀

一対の鳥の周りを梅や椿、波などの文様で埋めた美しい壺。所々に配された黄色がアクセントに

国宝

/ OTAKARA \

油滴天目茶碗

12－13世紀

油滴（ゆてき）の由来は、斑点が水面に浮かぶ油の滴のように見えることから。金、銀、紺に輝く斑点が美しい

\ OTAKARA /

重文

青花枇杷鳥文盤

15世紀

直径50cmを超える稜花形の盤の見込みに、枇杷の実をついばむ鳥の姿が描かれている

1

3 2

☆☆☆

最新の展示方法で
陶磁器本来の美しさを堪能

陶磁器は光の質で見え方が大きく変わるため、どのような光の下で鑑賞するかが重要。特に青磁は「秋の晴れた日の午前10時ごろ、北向きの部屋で障子一枚へだてたほどの日の光で」見るのがいいともいわれる。リニューアルでは、展示ケース内に自然の光に近い紫励起《むらさきれいき》LED照明を採用。さらに陶磁器本来の色合いと質感を鑑賞できるようになった。

1.じっくり鑑賞できるよう、多くの展示ケースに館オリジナルの木製ひじ置き台を設置　2.天窓から展示ケース内に自然光を取り込んだ「自然採光展示室」　3.展示ケース内には紫励起LED照明を導入している

shop

陶磁器の美しさを身近に感じるグッズが充実

オーガニックコットンフラットポーチ
950円

油滴天目茶碗などの収蔵品をモチーフにしたオリジナルグッズをはじめ、さまざまなグッズを販売。文具や生活雑貨など、日常的に使いやすいアイテムが並ぶ。

アクリルマグネット
800円

大阪市立東洋陶磁美術館ミュージアムショップ

㊂ 070-3316-7183
㊐㊡ 大阪市立東洋陶磁美術館に準ずる

CHECK グッズはP.176もチェック

cafe

ガラス張りのカフェで鑑賞の余韻に浸る

リニューアルによりオープン。ガラス張りの店内から大阪市中央公会堂や堂島川、中之島公園が見渡せる。収蔵品をモチーフにしたメニューが人気。

café KITONARI（キトナリ）

㊂ 070-3316-7416
㊐ 9:30～17:00（16:30LO）
㊡ 大阪市立東洋陶磁美術館に準ずる

CHECK カフェはP.92もチェック

大阪市立東洋陶磁美術館　おおさかしりつとうようとうじびじゅつかん

㊟ 大阪市北区中之島1-1-26　㊂ 06-6223-0055　㊐ 9:30～17:00（最終入館16:30）
㊡ 月曜（祝日の場合翌日）　¥ 展覧会により異なる
㊇ 京阪なにわ橋駅から徒歩約1分、Osaka Metro・京阪淀屋橋駅から徒歩約10分

1号館の青銅器館は、コンクリートの立方体が宙に浮かぶようなモダンな意匠

no. 07

泉屋博古館

京都・東山

２０２５年４月に再オープン！

内装とケースを刷新し、リニューアルした青銅器展示室

２０２５年４月、２度目の大阪万博が開催されるタイミングで、約１年の改修工事を経て再始動する泉屋博古館。もともとは、１９７０（昭和45）年に大阪万博を訪れる人のための迎賓館として生まれた美術館だ。

明治時代に実業家や政治家が別荘を構えた南禅寺界隈の一角にあり、３５００件以上の作品を所蔵している。

コレクションの核は、住友家第十五代当主・住友吉左衛門友純（号・春翠）が収集した美術品。なかでも古代中国の青銅器の充実ぶりは、銅業を家業の柱とした住友家ならでは。精緻な文様や動物をモチーフとした形など、多彩なデザインの青銅器は見る人を古代中国へと誘う。

リニューアルでは、青銅器館の展示も刷新。より快適になった展示空間で、古代中国の世界観にどっぷりとひたってみよう。

☆ ☆ ☆

「目白押し」がキュート！人気の若冲も所蔵

春翠は茶の湯や能楽など日本の伝統文化にも造詣が深く、日本美術の名品も充実。《海棠目白図》は江戸時代に活躍した伊藤若冲の40代前半の作品。満開のシデコブシやカイドウと、枝の上でぎゅっと身を寄せる目白が緻密なタッチで描かれている。世界有数の青銅器のコレクションと共に、春翠の美意識を映し出した名品を楽しみたい。

伊藤若冲《海棠目白図》（部分） 江戸時代

後ろ足で立つ虎としがみつく人間、どちらの表情も印象的だ。卣（ゆう）は釣り手と蓋のある器のことで、酒器と考えられている

《虎卣》 殷時代後期 前11世紀

shop

待望のショップもお目見え 新作グッズも続々登場

リニューアルを機にミュージアムショップがオープン。古代中国の文字・金文や館を代表する名品・虎卣（こゆう）をモチーフにしたオリジナルグッズを手に入れて。

金文エコバッグ
1500円

泉屋博古館 ミュージアムショップ

㊋㊡ 泉屋博古館に準ずる

CHECK グッズはP.176もチェック

☆ ☆ ☆

京都らしさを感じる 2つの庭園で癒されて

庭師・十一代目小川治兵衛が作庭した2つの庭園にも注目を。展示室を結ぶ渡り廊下から見える中庭は、正面のなだらかな東山を借景にしたのびやかな印象の庭園。中央の井戸には、住友家の屋号「泉屋」を象徴するかのように泉が湧く。また前庭「泉屋博古の庭」はせせらぎが流れ、苔の緑が美しい。檜の林に差し込む木漏れ日の中を歩いてみよう。

前庭「泉屋博古の庭」。開館中は自由に入れる

泉屋博古館 せんおくはくこかん

(住) 京都市左京区鹿ヶ谷下宮ノ前町24
(電) 075-771-6411 (時) 10:00～17:00（最終入館16:30）
(休) 月曜（祝日の場合翌平日）
(¥) 1000円
(交) 京都市営地下鉄蹴上駅
1番出口から徒歩約20分

no. 08

京都・宇治

ニンテンドーミュージアム

2024年10月に開館後、予約殺到

2024年10月、京都府宇治市にオープンしたニンテンドーミュージアム。抽選での予約制で、受付を開始するやいなや国内外から予約が殺到したという人気ぶりだ。

圧巻なのは、任天堂の歴代製品をずらっと並べた、第1展示棟2階の展示風景。日本にテレビゲームブームを巻き起こした「ファミコン」以降のハードやソフトはもちろん、創業初期の玩具なども展示しており、あまりゲームをしない人でもワクワクする。詳細な解説はないた

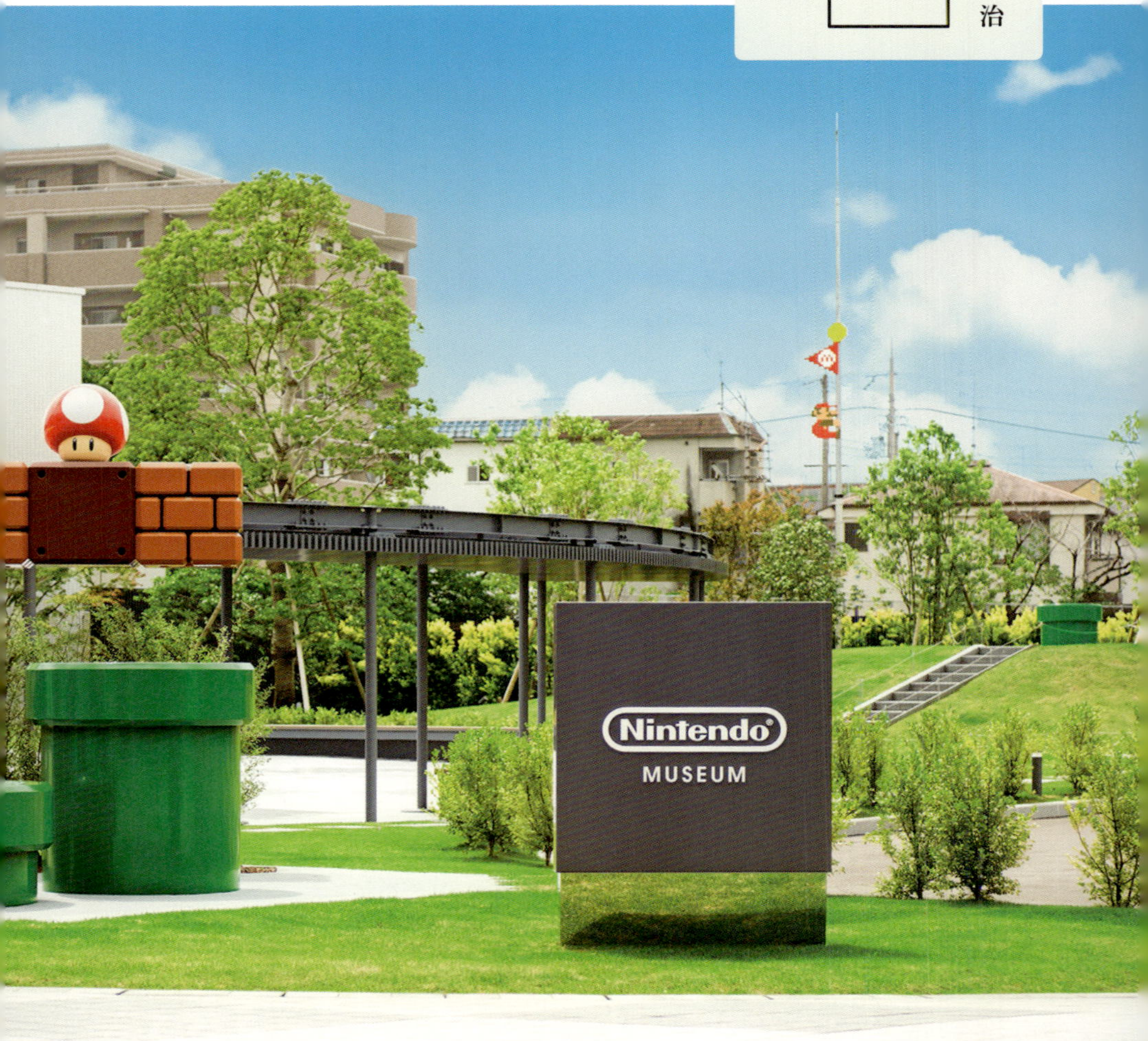

め、家族や友人と子どもの頃の思い出話に花を咲かせながら見て回るのもおすすめ。

　この建物はかつてトランプ・花札の製造や、ゲーム機の修理を行っていた任天堂宇治小倉工場をリノベーションし活用している。任天堂の歴史ある場所で、童心に帰って楽しんでみては。

これまで任天堂が製造・発売した製品の展示は圧巻

1階にはゲームの登場キャラクターたちが描かれた壁も

天井には巨大なコントローラーが吊り下げられている

広場には土管とブロック、スーパーキノコのフォトスポットが

現代の技術による百人一首「しぐれでんSP」。足元の下の句が書かれた取り札を探し、専用スマホをかざして札を取る

1

2

☆ ☆ ☆

当時の遊びが最新技術で進化
新感覚のゲームに挑戦しよう

第1展示棟1階には、任天堂の娯楽に触れられる体験展示エリアが。専用スマホをかざして、足元に映し出される百人一首の下の句の札を取るゲームや、巨大化した歴代ハードのコントローラーで当時のゲームをプレイする「ビッグコントローラー」など、体を使って遊べるゲームが満載。テレビゲームやスマホゲームとはひと味違った楽しさを味わえるので、ぜひ挑戦してみて。

1.2人1組で巨大なWiiリモコンを操作し、当時のゲームをプレイ　2.1968年に発売された室内用ピッチングマシン「ウルトラマシン」を再現。マシンから飛んでくるボールを打ち返そう

花札の代表的な遊びのひとつ「花合わせ」が体験できるコーナー

☆ ☆ ☆

任天堂の原点に触れる 花札ワークショップ

任天堂の歴史は、1889（明治22）年に京都市下京区で花札を製造したことから始まった。ここでは、任天堂の原点である花札に関するワークショップが楽しめる。花札の代表的な遊びのひとつ「花合わせ」を体験する「ちょっと、花札であそぼう」は、最新の技術を駆使し、初心者でも簡単に参加できるのがうれしい。

1.花札づくりを体験できるワークショップ　2.花札遊び体験では、専用のマットにプロジェクションマッピングで「山札をめくって！」「手札」などの文字が浮かぶ

※1・2の体験はどちらも来館当日の予約と別途費用が必要

2　1

shop

ミュージアムでのみ 購入できる限定グッズも

Nintendo Switch Tシャツ 4180円

任天堂のゲームの世界やキャラクターに関するグッズ、ミュージアム限定商品も充実。ファミコンやWiiなどの巨大コントローラークッションが大人気。

BONUS STAGE（ボーナスステージ）

㊐ 10:00～18:00（最終入店17:30）
㊡ ニンテンドーミュージアムに準ずる

※販売個数制限あり。一部商品は在庫切れの可能性があります

cafe

店内装飾、ゲームのBGM 遊び心あふれる仕掛けが

好みの具材を組み合わせたハンバーガーが注文できるほか、定番のバーガーも楽しめる。店内に流れるゲームのBGMや、遊び心のある装飾にも注目。

はてなバーガー

㊐ 10:00～18:00（17:30LO）
㊡ ニンテンドーミュージアムに準ずる

ニンテンドーミュージアム

㊟ 京都府宇治市小倉町神楽田56　㊢ なし
㊐ 10:00～18:00（最終入館16:30）※事前予約制（抽選制、公式サイト参照）
㊡ 火曜（祝日の場合翌日）　㊎ 3300円　㊬ 近鉄小倉駅東口から徒歩約5分

写真：©Nintendo

no.09

京都・烏丸御池

京都国際マンガミュージアム

世界中のマンガ好きが訪れる聖地

烏丸御池を北へ進むと、ビジネス街の中にレトロな校舎と青々とした芝生の広場が現れる。ここは、昭和初期建造の元龍池《たついけ》小学校を再活用して生まれた、京都国際マンガミュージアムだ。2006（平成18）年秋に京都市と京都精華大学の共同事業によって誕生して以来、日本のみならず、世界中から多くのマンガファンが訪れている。

約30万点の所蔵品のうち、約5万冊のマンガ本や関連資料がびっしり収められた書架「マンガの壁」は総延長200メート

1

2

3

ルに及ぶ。まずはお気に入りの一冊を探しつつ、旧校舎のレトロな空間を散策してみよう。館内ではマンガについて学べる常設展示に加え、多彩な企画展やコスプレイベントなども定期的に開催されている。さまざまな角度からマンガの世界を堪能できる、唯一のミュージアムだ。

4

©Tezuka Productions（P.10・53）

1.旧講堂が常設展示室に。壁面の「マンガの殿堂」には、各時代の名作マンガがずらり　2.中庭が見えるレトロなアーチ形の窓。敷地を囲む木々の隙間からビル街が覗く　3.芝生の上でくつろぎながら読書をするのもおすすめ。カフェでテイクアウトしたドリンクの持ち込みもOK　4.吹き抜け壁面に設置された、手塚治虫の人気キャラクター「火の鳥」の巨大オブジェ

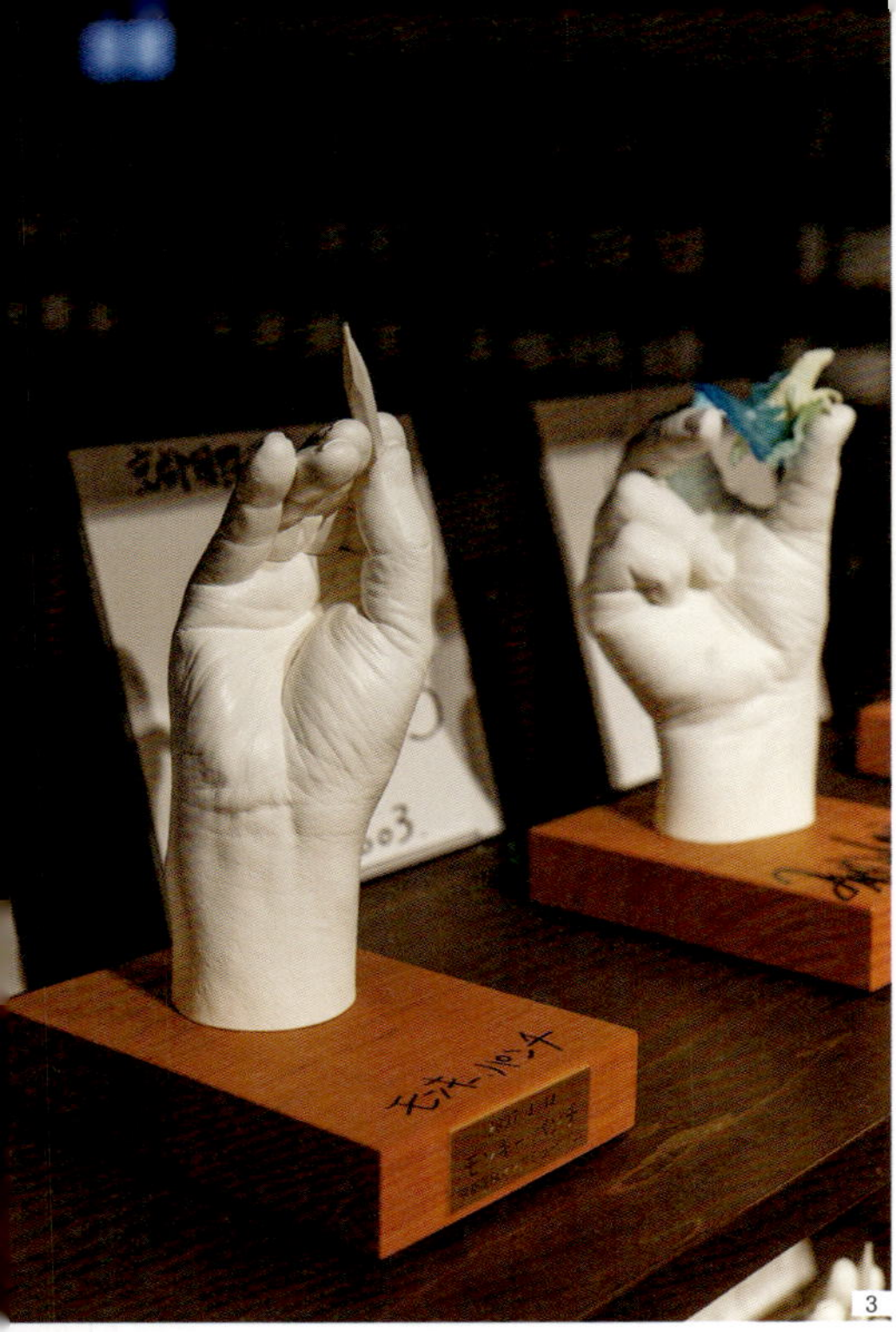

3 | 1 / 2

1. サインやイラストは壁だけにとどまらず、天井にも。好きなマンガ家の直筆を探すのも楽しい　2. 館内にある前田珈琲のカフェラテ750円。オリジナルの赤いマグカップがレトロかわいい　3. モンキーパンチさんをはじめ、著名なマンガ家たちの筆を持つポーズの手型とサインが並ぶ

☆ ☆ ☆

ここだけのお宝展示で マンガ家たちをより身近に

本館２階のギャラリーには、イベントなどで来館したマンガ家たちの石膏手型とサインが並ぶ、「マンガ家の手」を展示。そして、１階の前田珈琲にもマンガ家直筆のイラストやサインが残されている。どちらもマンガやアニメの名作を生み出してきた作家たちをより身近に感じられる、ここだけの貴重なコレクションだ。

本館の１階から２階へ上がる階段室

☆ ☆ ☆

国の登録有形文化財である モダン建築の校舎を再活用

ミュージアムの建物は、昭和初期に建てられた元龍池小学校を改修して活用。改修の際に建物の東側に大きなガラス面が設置されたが、校舎の外壁はそのまま館内に残されている。現在、裏門として利用されているかつての正門も、意匠の細部にこだわりが感じられ必見。建物全体が当時の姿を保っており、どこか懐かしい雰囲気を味わえる場所だ。

☆ ☆ ☆

親子で楽しめる紙芝居やワークショップも

「マンガミュージアム」では、まだあまりマンガを読めない小さな子どもが楽しめるイベントや設備も充実。1日2回の口演で臨場感たっぷりに語られる紙芝居や、約3000冊の絵本や学習マンガがそろう部屋、しおり作りやマンガのペン入れ体験ができるワークショップなどがあり、親子のお出かけスポットとしてもおすすめだ。

1

3 2

1. 昔懐かしい紙芝居を迫力満点のパフォーマンスで口演している 2. 事前予約をすれば、ワークショップコーナーでマンガ家体験などが可能 3.「こども図書館」の床には、小さな子どもが楽しめる工夫が

shop

ここでしか出合えないオリジナルグッズは必見

マンガ・アニメに関わるアイテムや、マスコットキャラクター「マミュー」のグッズなどオリジナル商品を含む、約3000点の商品がそろう。

京都国際マンガミュージアム ミュージアムショップ

(時)(休) 京都国際マンガミュージアムに準ずる

マミューのぬいぐるみストラップ1800円

『ギガタウン 漫符図譜』(こうの史代著)のトイレットペーパー300円

cafe

京都の老舗喫茶で読書の合間にほっと一息

烏丸通から入ってすぐの場所にある前田珈琲。自家焙煎のコーヒーをはじめ、豊富なメニューが魅力的。企画展とのコラボメニューが提供されることも。

前田珈琲 マンガミュージアム店

(電) 075-251-8811

(時) 9:30～17:30 (17:00LO)

(休) 京都国際マンガミュージアムに準ずる

京都国際マンガミュージアム きょうとこくさいマンガミュージアム

(住) 京都市中京区烏丸通御池上ル (電) 075-254-7414

(時) 10:00～17:00 (最終入館16:30) (休) 水曜 (祝日の場合翌日)

(¥) 1200円 (交) 京都市営地下鉄烏丸御池駅2番出口から徒歩約3分

宝石のようにきらめくダイヤモンドカット水槽で金魚が泳ぐ

no. 10

NARA KINGYO MUSEUM

奈良・新大宮

アートと金魚が織り成す非日常の世界

カラフルで光あふれる幻想的な空間の中で、リアルな金魚たちがゆったりと泳ぐ——ここは、日本三大金魚の産地のひとつ、奈良にある国内最大級の金魚エンターテインメントミュージアムだ。

ダルマ風の巨大な金魚提灯「NARAKIN」が出迎える先にあるのは、花やミラーボール、プロジェクションマッピングなどで水槽が彩られた7つのアート空間「Kingyo Museum」。壁一面の花畑や、宇宙をイメージしたステンドグラスのドームなど、非日常感あふれる展示は、どれもうっとりする美しさ。

妖艶なムードの「JAPONE小路」や、山口県柳井市の工芸品・金魚ちょうちん500個を展示した「五百金魚」など、ユニークで刺激的な展示ばかり。館内は撮影OKなので、好みのフォトスポットを探してみて。

アートな空間の中に、大和郡山市で飼育された約40種・2000匹の金魚が。きらびやかな展示で、金魚の美しさを引き立てる

1

3 2

☆ ☆ ☆

幻想的な空間を演出する プロジェクションマッピング

注目したいのは、さまざまなテクノロジーやアイテムを駆使した演出。「AQUA OASIS」では、横幅12mの壁一面に、プロジェクションマッピングが水中や森林を映し出す。「JAPANESE AQUARIUM DISCO」では、ミラーボールが高揚感あふれるきらめきの世界を演出。ネオンカラーの照明と和傘がレトロモダンな和空間を作り上げる「JAPONE小路」は、エキゾチックなムードがたまらない。

1・2. パワーストーンとアクアリウムが融合した「AQUA OASIS」の展示
3.「Kingyo Museum」の入口には、ダルマをモチーフにした高さ3mの巨大な金魚提灯「NARAKIN」が鎮座

shop

注目度抜群！キュートな金魚グッズを手に入れて

ミュージアムグッズはカラフルでインパクト大！ 金魚のぬいぐるみやストラップ、ポーチやがま口財布など、多種多様な金魚グッズがそろう。

ふわろん
ハンカチ
700円

NARA KINGYO MUSEUM
ミュージアムショップ

㊕㊡ NARA KINGYO MUSEUMに準ずる

CHECK グッズはP.176もチェック

☆ ☆ ☆

不思議な世界に入り込んで フォトジェニックな一枚を

展示スペースには、目の錯覚を利用したトリックアートのコーナーも。壁や床にリアルなタッチで描かれているのは、金魚が登場する「ありえない」場面。絵の世界に入り込んだら、大げさなぐらいのポーズをとってみて。大きな金魚の背中に乗ってゆったり水中散歩を楽しんだり、忍者と金魚すくい対決をしたりと、フォトジェニックな一枚が撮れるはず。

床とふすまに描かれた大きな金魚。絵の前でポーズをとると、背中に乗っているかのような写真が撮れる

NARA KINGYO MUSEUM

ナラ キンギョ ミュージアム

㊟ 奈良市二条大路南1-3-1 ミ・ナーラ4F
㊂ 080-4689-2142 ㊕ 10:00～18:00（最終入館17:30）
㊡ 無休 ¥ 1300円
㋘ 近鉄新大宮駅から徒歩約15分

no. 11

兵庫・宝塚

宝塚市立 手塚治虫記念館

漫画の神様・手塚治虫の世界にひたる

『鉄腕アトム』『火の鳥』など、数々の傑作を生みだした手塚治虫。5歳から24歳まで暮らした兵庫県宝塚市には、手塚ワールドを紹介する宝塚市立手塚治虫記念館がある。

　1階の常設展では、『火の鳥（未来編）』に登場する生命維持装置をモチーフにしたカプセル40本の中に資料を展示。若き日の手塚が医学を学んだことや、宝塚歌劇の熱心なファンだったことなど、後の作品に影響を与えた出来事も紹介。雑誌の連載やテレビアニメ制作など、旺盛

エントランスホールは『リボンの騎士』の王宮をイメージした空間

な創作活動の裏側にも迫る。
2階では、年3回の企画展を開催。ゆかりの作家の展覧会を開くなど、手塚治虫の世界により深くアプローチする。G階には手塚が暮らした当時の宝塚市のジオラマも。手塚作品の根底に流れる自然への愛や生命の尊さを感じ取ってみよう。

「アニメ工房」は『鉄腕アトム』のロボット工場をイメージした空間

☆☆☆

大人が体験しても楽しい！ 自分が描いた絵がアニメに

G階の「アニメ工房」はアニメーション制作体験ができるコーナー。プロの現場で使われる動画用紙に描いた絵を、2コマのアニメーションにしてもらえる。アニメが動くのを見ると大人でも感激すること間違いなし。好きなキャラクターに色をつけたり、選んだキャラクターを他のキャラクターに変形させたりと、楽しみながらアニメ制作の基本に触れよう。

shop

文具からお菓子まで 人気キャラがグッズに

アトムをはじめ、おなじみのキャラクターをあしらった文具やバッグ、Tシャツ、お菓子などのオリジナルグッズを販売。企画展の関連グッズにも注目を。

ヒョウタンツギ
クッキー583円

刻印メダル
カラーキーホルダー
1100円

宝塚市立手塚治虫記念館 ミュージアムショップ
㊋㊡ 宝塚市立手塚治虫記念館に準ずる

ヨーロッパの古城をイメージしてデザインされた外観。火の鳥のモニュメントはブロンズ製

☆☆☆

入館前から気分がアガる！ 人気キャラの手型・足型も

お楽しみは入館前から。チタン張りの虹色の窓が印象的な外観上部には、エッセイ『ガラスの地球を救え』をモチーフにしたガラス製の地球がチラリ。火の鳥のモニュメントのそばには、キャラクターの手型と足型が並ぶ。タイルをはみ出すほどのマグマ大使の手型や、ややこぶりなアトムの手型・足型、鼻の形まで押してあるお茶の水博士など、どれも個性豊か。細かくチェックしてみて。

宝塚市立手塚治虫記念館

たからづかしりつてづかおさむきねんかん

㊟ 兵庫県宝塚市武庫川町7-65 ㊂ 0797-81-2970
㊋ 9:30〜17:00（最終入館16:30）
㊡ 月曜（祝日の場合開館）
¥ 700円 ㊫ 阪急宝塚南口駅から徒歩約7分

「マンガ・アニメエリア」には、世界中で愛されるキャラクターたちが並ぶ

no. 12

大阪・大阪城

海洋堂フィギュアミュージアム ミライザ大阪城

海洋堂のフィギュア3000点が集合

大阪城公園内にあるミュージアム。天守閣もすぐそばに

アート作品を思わせる緻密さや造形美が魅力のフィギュアたち。世界的フィギュアメーカー海洋堂が40年以上にわたって手掛けてきた3000点あまりのフィギュアを展示するのが、海洋堂フィギュアミュージアム ミライザ大阪城だ。

場所柄、国内外の観光客が多いことから、フィギュアに詳しくない人も親しめるように工夫。「特撮エリア」では、おなじみのヒーローや迫力ある怪獣に大興奮。「美少女フィギュアエリア」では、その分野の先駆者として知られる海洋堂所属の造形師BOMEが手掛けた美少女フィギュアを鑑賞できる。

このほか、お菓子のおまけ「食玩」や、国内外のアーティストとのコラボ作品など10のエリアがある。お気に入りを見つけて、奥の深いフィギュアの世界に踏み込んでみては。

2　1

1.入口のそばには、躍動感あふれる巨大なフィギュアが　2.サブカルチャー作品以外にも昔懐かしの食玩などを展示

☆ ☆ ☆

誰もが虜になった特撮やアニメのフィギュアが勢ぞろい

館内で不動の人気を誇るのが、特撮映画やアニメ・マンガに関するフィギュアのコーナー。「特撮エリア」には、世代を超えて愛される特撮ヒーローや怪獣のフィギュアが。「マンガ・アニメエリア」には、懐かしいロボットアニメの主人公など、名作のキャラクターがずらり。その技術は、海洋堂の強みである食玩の造形などにも存分に生かされている。

shop

マニア垂涎のフィギュアから大阪みやげまでそろってます！

ショップでは、最新のフィギュアやオリジナルグッズ、大阪みやげを販売。すぐそばには、手のひらサイズのフィギュアを販売する「カプセルミュージアム」も。

㊨EVANGELIONフィギュアワールドミルクパイ（12枚入）
㊧北斗の拳フィギュアオールスターミルクパイ（12枚入）
各1080円

海洋堂フィギュアミュージアム
ミライザ大阪城 ミュージアムショップ
(時)(休)海洋堂フィギュアミュージアム ミライザ大阪城に準ずる

箱の隅々まで作り込まれたジオラマに感激！

☆ ☆ ☆

圧倒的没入感を楽しみたいドラマティックなジオラマ

最後のエリアは、フィギュアとその周りの世界をつくり上げた「ボックスジオラマ」。海洋堂創設者で館長でもある宮脇修氏が考案したもので、通常は平らなところに作られるジオラマを、フィギュアと共に箱の中に作成。限られた空間に収めることで、より物語性の高い一場面になっている。想像力を刺激する、ドラマティックな展示を堪能しよう。

海洋堂フィギュアミュージアム ミライザ大阪城

かいようどうフィギュアミュージアム
ミライザおおさかじょう

㊟大阪市中央区大阪城1-1 ミライザ大阪城B1
(電)06-6940-0835　(時)9:30～17:30（最終入館17:00）
(休)不定休　(¥)1000円（入館者プレゼント付き）
(交)JR森ノ宮駅・大阪城公園駅から徒歩約15分

MUSEUM COLUMN 2

泊まれるミュージアム

「泊まれる本屋さん」や「泊まれる動物園」が話題のなか、関西には泊まれるミュージアムが！ 普段は味わえない、静かな夜のミュージアムを満喫しよう。

植村直己冒険館へ 親子で冒険に出かけよう！

ぼうけんステイ

(時) チェックイン15:00～17:00、チェックアウト8:00／9:00 (¥) 6600円～

館内の体験型施設「どんぐりbase」にテントを張って宿泊できる人気のプログラム。３つのプランがあり、テントを張る場所を室内・屋外・空中から選べる。

ワクワクのテント泊体験

ぼうけんスタート！

15:00

まずはチェックイン！

テントの設営はスタッフにお任せで楽ちん。荷物をおろして冒険の準備を。

15:30

どんぐりbaseで遊ぼう

大型ネット遊具や外のトランポリンで思い思いに楽しんで。

16:00

ボルダリングにも挑戦！

オートビレイを使った本格クライミングにトライ（追加料金500円が必要）。

19:30

ナイトミュージアムへGO

ランタンを持って、約30分間の夜の資料館見学に出発！
※冬季は19:00から

21:00

憧れのテント泊にドキドキ

消灯の22:00まで、星空を眺めてテント泊を満喫しよう。

お泊まり無事終了

9:00

翌朝、チェックアウト

宿泊翌日は閉館時間まで滞在可。
※室内テントプランはチェックアウト8:00

冒険の合間のお楽しみ

館内の「CAFE iNUUK（カフェイヌーク）」で、冒険館の蔵書を読みながらオリジナルブレンドのコーヒーやカフェラテを味わえる。バナッペ（上）やフレンチトースト（下）も人気。

植村直己冒険館

国民栄誉賞を受賞した世界的冒険家・植村直己の「スピリッツ」を伝えるため1994年、植村が生まれ育った兵庫県豊岡市に開館。

うえむらなおみぼうけんかん
(住) 兵庫県豊岡市日高町伊府785
(電) 0796-44-1515 (時) 9:00～17:00（最終入館16:30） (休) 水曜（祝日の場合翌日） (¥) ミュージアムエリア550円、どんぐりbase330円、ミュージアムエリア＋どんぐりbase共通770円

①

気になるテーマ別

この美術館に行きたい！

KANSAI MUSEUM GUIDE

LET'S GO TO SPECIAL MUSEUM

☆ ☆ ☆

名品あります。

話題の現代美術も、教科書で見た名画も。
知らないだけで、案外身近なところにある
心ときめく「お宝」探しの旅へGO！

美術館の顔として撮影スポットとしても人気
ヤノベケンジ《SHIP' S CAT (Muse)》 2021年 (P.10・64)

no. 13

大阪中之島美術館

大阪・中之島

近代・現代の名作を有する洗練空間

1

2

1. 黒色のオリジナルパネルを配した外観は、周囲と調和しつつも静かな存在感を放つ
2. 装飾を抑えたシックな趣の館内。2階から4・5階をエスカレーターがつなぐ

２０２２年、大阪・中之島の文化芸術ゾーンに誕生し、19世紀後半から現代までの美術とデザイン作品を核とする美術館。絵画、彫刻、デザイン、家具など、多岐にわたるコレクションは６０００点を超え、モディリアーニの裸婦像といった世界的な名画と共に、洋画家・佐伯祐三など、地元大阪にゆかりのある芸術家の作品も多い。北側のエントランス前に鎮座する猫の作品も、大阪出身の現代美術家・ヤノベケンジが手掛けたもの。

黒いパネルで覆われた外観や吹き抜け空間を貫く高層エスカレーターなど、近未来的で洗練される建築空間も見逃せない。また、館内に多用される遊歩空間「パッサージュ」は誰でも行き来できるほか、2階のオープンスペースでは若手作家の作品展示も定期的に行われ、無料で鑑賞できる。

佐伯祐三《郵便配達夫》 1928年

☆ ☆ ☆

開館前から注力してきた国内外のお宝コレクション

モディリアーニ、キスリング、パスキンといったエコール・ド・パリの画家たちの作品をはじめ、20世紀のシュルレアリスムで知られるダリやマグリット、ニューヨークのアートシーンを代表するバスキアなど、近代・現代の名画を所蔵。また美術館建設のきっかけにもなった大阪市出身の佐伯祐三の作品は約60点を有し、国内最大級のコレクションを誇る。

ルネ・マグリット《レディ・メイドの花束》 1957年

アメデオ・モディリアーニ《髪をほどいた横たわる裸婦》 1917年

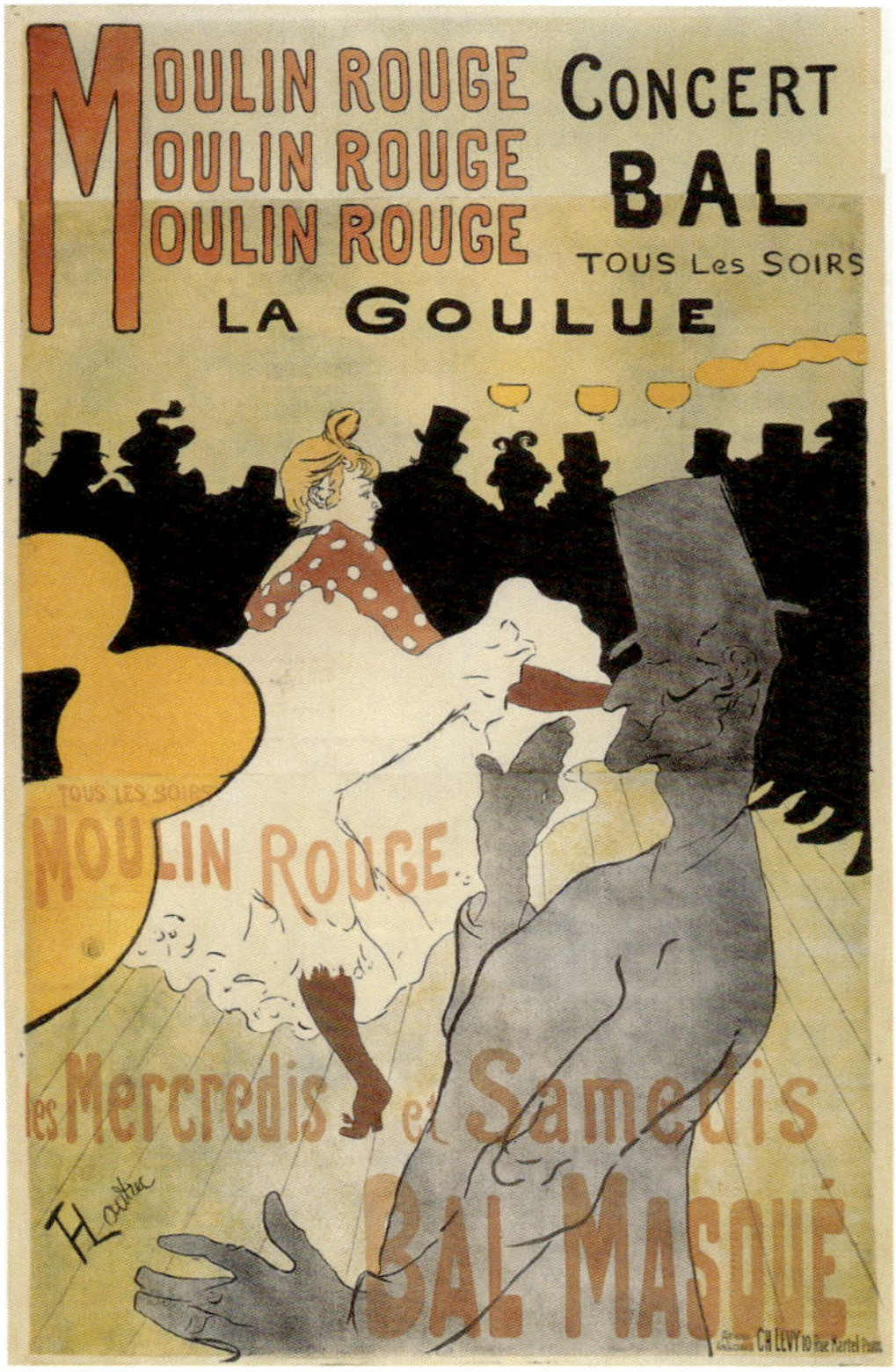

アンリ・ド・トゥールーズ＝ロートレック《ムーラン・ルージュ、ラ・グーリュ》
1891年

☆ ☆ ☆

アートファンの心をくすぐる幅広い所蔵品と多彩な展示

大阪にゆかりのある日本画家の北野恒富や木谷千種、戦後中之島を拠点に活動した芸術運動「具体美術協会」のリーダー吉原治良らの作品も充実。さらに、モダンデザインの流れを汲む家具、ロートレックやミュシャの手掛けたポスター、グラフィックデザインなど、コレクションは近代・現代の幅広い分野に及ぶ。趣向を凝らした企画展にて出展することも。

北野恒富《淀君》 1920年頃

コロマン・モーザー《アームチェア》
デザイン1903年 製作1903-04年頃

木谷千種《浄瑠璃船》 1926年

ヤノベケンジ《ジャイアント・トらやん》 2005年

バリー・フラナガン《ボウラー》 1990年

☆ ☆ ☆

展示室以外でも楽しめる立体作品やオリジナルチェア

展示室にとどまらず、敷地内では彫刻に出合える。なかでも人気を博すのは、猫がモチーフになった美術館の守り神《SHIP' S CAT(Muse)》(P.64) と、高さ約7mの巨大ロボット《ジャイアント・トらやん》。共にヤノベケンジが手掛けた立体作品で、フォトスポットとしても話題に。館内各所で自由に腰かけられる、オリジナルチェアも見逃せない。

来館者を迎えるのは、中之島の「N」がデザインされたオリジナルチェア。空間に調和する家具として木製が選ばれた

東京に次ぐ国内2店舗目として出店。コーナーによってガラリと異なる雰囲気が楽しめる。なかには地元・大阪府東大阪市で作られた金網を内装に用いたコーナーも

☆ ☆ ☆

北欧のエッセンスが香るインテリアプロダクト

館内1階にあるインテリアショップ「HAY OSAKA」も要チェック。家具をスタイリングした「ROOM」など3つのコーナーで構成された店内には、世界中の有名デザイナーとコラボしたアイテムがずらり。ソファや照明器具、キッチン雑貨など、ライフスタイルをコーディネートするようなラインナップは見るだけでも心が躍る。忘れずに足をのばして。

shop

作品をモチーフにした個性派アイテムはここで

©MAI MURAKAWA

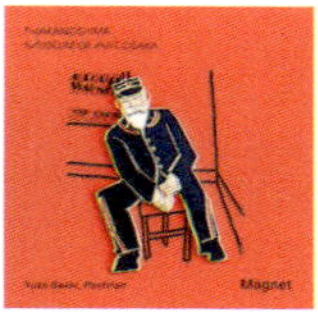

郵便配達夫
マグネット 880円

現代アーティストとのコラボグッズをはじめ、所蔵作品をモチーフにした文具など、美術館のオリジナルアイテムがそろう。

dot to dot today

㊫ 080-4701-5219 ㊡ 10:00～18:00
㊡ 月曜

CHECK グッズはP.176もチェック

cafe&restaurant

彩り豊かな一皿に視覚も味覚も満たされて

料理のおいしさのみならず、美しさもテーマに掲げるカフェレストラン。全128席の広い店内では、食事からデザート、アルコールまで終日注文可。

ミュゼカラト

(電) 06-6940-7025
(時) 11:00～21:00（最終入店19:30）
(休) 不定休

CHECK カフェはP.93もチェック

大阪中之島美術館　おおさかなかのしまびじゅつかん

(住) 大阪市北区中之島4-3-1　(電) 06-6479-0550
(時) 10:00～17:00（最終入場16:30）　(休) 月曜（祝日の場合翌平日）
(¥) 展覧会により異なる　(交) 京阪渡辺橋駅2番出口から徒歩約5分、Osaka Metro肥後橋駅4番出口から徒歩約10分

no. 14

京都・嵐山

福田美術館

嵐山の自然に抱かれる美の発信拠点

京都を代表する観光地・嵐山。平安時代の貴族たちが舟遊びに興じたとされる大堰川《おおいがわ》沿いを、少し北へ進んだ木々の間に佇むのが福田美術館だ。四季折々の自然美と、日本人の感性に響くアートを堪能できる美術館として2019年に開館。ガラスや大理石、鉄を多用した館内には、借景、水盤、縁側といった伝統的な京町家のエッセンスがちりばめられ、モダンななかにもほっとするような安らぎが訪れる人を包み込む。

主に江戸時代から近代にかけて活躍した日本画家の作品を中心に、約2000点をコレクション。年4回の企画展示では、タイトルの付け方から展示方法まで、誰でも楽しく鑑賞でき感動を覚えるような工夫が凝らされている。肩ひじ張らずに日本美術と親しくなれる芸術の新しい発信拠点だ。

庭の水盤が大堰川と連なり、水鏡のように景観を映し出す巧みな外観デザイン

伊藤若冲《果蔬図巻》(部分)　1790年以前

☆ ☆ ☆

生命感あふれる独自の作風
伊藤若冲の世界に触れる

近年ますます人気を高めている江戸時代中期の絵師・伊藤若冲。主に動植物をモチーフとし、精密な描き込みや奇抜な構図、鮮やかな色彩など彼独自のスタイルで表現された作品約30点を所蔵している。2024年3月に新発見の《果蔬図巻《かそずかん》》がコレクションに加わったことも話題に。みずみずしい生命力にあふれる若冲の世界観を間近で見てみよう。

作品にひねりのきいたキャッチコピーをつけ、
短くわかりやすい文章で表現した解説

伊藤若冲《鯉魚図》　18世紀

伊藤若冲《蕪に双鶏図》　18世紀

上村松園《美人観月》 1913年頃

☆ ☆ ☆

京都の地が育んだ
有名画家の作品が勢ぞろい

世界からも観光客が訪れる立地に合わせ、多彩な日本画家の作品を収集。江戸初期の狩野派や琳派、江戸後期～明治にかけては円山応挙などの円山・四条派、与謝蕪村、伊藤若冲、近代では横山大観、竹久夢二などを幅広くラインナップする。特に竹内栖鳳や上村松園といった京都画壇の作品が充実。京都の感性が育んだ動物画や美人画で心癒されるひとときを。

木島櫻谷《秋野孤鹿》 1925年

竹内栖鳳《猛虎》 1930年

網代文様がもたらす陰影はまるでひとつのアート作品のよう

1

3

2

☆ ☆ ☆

京町家の知恵が息づく陰影を楽しむ近代建築

設計はポーラ美術館等を手掛けた建築家・安田幸一氏。外壁のガラスには網代文様がプリントされ、光をさえぎりつつ庭や景色が眺められる。外と内を緩やかにつなぐ縁側のような通路、蔵をイメージしたギャラリー、室内にしっとりと影を落とす深い庇など、近代的な建築に京町家のエッセンスが息づいている。ただゆったりと過ごしたくなる心地よい空間だ。

1.大理石を隙間なく網代文様に組み合わせた壁　2.景色が見やすいよう高さによって線の太さが異なる　3.透過率92%のガラスケースや目に優しい照明を配したギャラリー

☆ ☆ ☆

多くの貴人・文人が愛した風光明媚なロケーション

目の前にはゆうゆうとした大堰川の流れと季節の彩りを映す嵐山…源氏物語の一場面にも登場し、平安貴族や文化人の別荘地としても人気のあった風光明媚なロケーションを一望できるのがこの美術館の魅力。特にカフェの窓際の席は、渡月橋が最も美しく見える場所と評判だ。趣ある景色を眺めながら美術鑑賞の余韻にひたってみては？

1.カフェの窓際席は全面クリアなガラス張り、パノラマビューが圧巻だ　2.水鳥が浮かぶのどかな川の景色。風情ある葛野大堰（かどのおおい）も目の前に

shop

思わず持ち帰りたくなるかわいい＆ユニークな品々

エコバッグ1600円

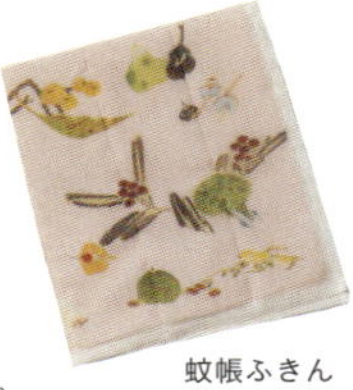

蚊帳ふきん（果蔬図巻）880円

お菓子やふきん、チャームなど思わず普段使いしたくなる楽しいグッズがずらり。同館スタッフが企画した若冲モチーフのオリジナルバッグの販売も。

福田美術館　ミュージアムショップ

(時)(休) 福田美術館に準ずる

CHECK グッズはP.176もチェック

cafe

水面がきらめく空間でゆったりティータイム

水面がきらめく庭園に面したカフェ。無垢材をふんだんに使った落ち着いた店内で、自慢のパニーニやドリンクが味わえる。来館者のみ利用可能。

パンとエスプレッソと福田美術館

(時) 10:00～17:00（16：30LO）

(休) 福田美術館に準ずる

CHECK カフェはP.96もチェック

福田美術館　ふくだびじゅつかん

(住) 京都市右京区嵯峨天龍寺芒ノ馬場町3-16　(電) 075-863-0606

(時) 10:00～17:00（最終入館16:30）　(休) 展示替え期間

(¥) 1500円（企画展の内容によって変更あり）

(交) 嵐電（京福電鉄）嵐山駅から徒歩約4分、JR嵯峨嵐山駅南口から徒歩約12分

no.15

藤田美術館

大阪・京橋

大空襲からも守った〝蔵の美術館〟

展示室の入口には以前
使われていた重厚な蔵扉
とレリーフが付けられた

視界の妨げにならないように展示説明は作品名と制作時期のみ。QRコードから詳細を読むスタイル

明治時代に活躍した男爵で実業家である藤田傳三郎とその息子たちが収集した美術品を公開するため、１９５４（昭和29）年に藤田家の蔵を改装して造られた私立美術館。

若い頃から美術品への造詣が深く、亡くなる直前まで収集に没頭した傳三郎と、その息子・平太郎と徳次郎によるコレクションは、東洋古美術を中心とした約２０００件。そのうち、瑠璃色に輝く《曜変天目茶碗《ようへんてんもくちゃわん》》をはじめ国宝９件、重要文化財53件と、私立としては国内有数の名品を所蔵する。

２０２２年４月、５年にも及ぶ大規模改修を経て再オープン。それを機に、美術館としては珍しい展示替え休みを設けず、年末年始以外は無休で開館。漢字一字をテーマとした企画展もユニークだ。19歳以下は入館無料なのもうれしい。

展示室を出てすぐのギャラリーに付けられた旧蔵の鎧戸。
この窓からの眺めはまるで一枚の絵画のよう

重文

/ OTAKARA \

交趾大亀香合

17 世紀

明時代に福建省で作られた亀をかたどった香合。藤田傳三郎が亡くなる直前に入手した逸品

国宝

/ OTAKARA \

玄奘三蔵絵　第三巻第三段

14 世紀

三蔵法師の名でも知られる僧の玄奘三蔵が、仏法を求めて中国からインドへ旅する様子などその一生を描いた絵巻

国宝

/ OTAKARA \

曜変天目茶碗

12 ～ 13 世紀

宇宙に浮かぶ星のような輝きを放つ言わずと知れた名品で、徳川家康が所蔵していたと伝わる

☆ ☆ ☆

茶道具で磨いた目利きの力と築いた財力で国の宝を収集

明治維新後の廃仏毀釈などにより、大名家や寺社に伝えられてきた日本の美術品の多くが海外へ流出したり、国内で粗雑に扱われたりしていることに危機感を覚えた藤田傳三郎。大切な文化財を未来へ受け継ぐために、自ら東洋古美術品を中心に収集。その想いは２人の息子にも受け継がれ、国宝や重文を含む貴重なコレクションを形成した。

桜狩蒔絵硯箱

18 世紀

琳派を代表する画家・工芸家である尾形光琳の作。『新古今和歌集』に収録された藤原俊成の歌を元にデザインされたもの

各部屋の展示数が少ないため、作品とじっくり向き合うことができる

※掲載作品は常設ではありません。展示期間は藤田美術館公式サイト参照

☆ ☆ ☆

あちこちにちりばめられた歴史ある蔵の空気も楽しむ

約70年前の開館当時、美術館は明治時代に建てられた日本最初期の鉄筋コンクリート製の蔵だった。リニューアル後は展示室の入口にこの蔵の扉とレリーフを用い、蔵の梁はベンチとして土間に。さらにギャラリーの床板や鎧戸に再利用した。庭には旧藤田邸時代に移築された多宝塔が今も建つ。随所に残る旧館の雰囲気を感じてみて。

1

1.美術館の出口からは、多宝塔や礎石が配された庭園が眺められる　2.展示室の入口に向かって敷かれている石の一部は旧建物で使われていたもの　3.展示室入口の扉には藤田家の紋があしらわれる

3

2

cafe

作家ものの茶碗で味わう抹茶が絶品

焼きたての団子とお茶で一服できるエントランス内の茶屋。作家ものの茶碗で提供。カウンターは左官職人・久住有生氏の作。

あみじま茶屋

(時)(休) 藤田美術館に準ずる
※売り切れ次第終了

CHECK カフェはP.94もチェック

☆ ☆ ☆

開かれた美術館を体現みんなが集う「土間」が誕生

約5年もの年月をかけて新しくなった藤田美術館。大きなガラス窓に張り出した庇が印象的な外観だ。エントランスは「土間」と呼ばれ、まさに日本家屋における土間のような役割を果たす。無料で入場できるエリアのため、ふらりと立ち寄って休憩できるほか、「あみじま茶屋」で団子を味わえるなど、誰もが気軽に利用できるフリースペースになった。

長年敷地を囲っていた高い外塀を取り払い、明るく開放的な印象に

藤田美術館　ふじたびじゅつかん

(住) 大阪市都島区網島町10-32　(電) 06-6351-0582
(時) 10:00～18:00　(休) 無休
(¥) 1000円（19歳以下無料）※キャッシュレス決済を推奨
(交) JR大阪城北詰駅3番出口から徒歩約1分、京阪京橋駅片町口から徒歩約10分

窓の外に広がる豊かな緑が美しい１階の休憩コーナー

落ち着きあるクラシカルな雰囲気が漂う1階エントランス。3～5階の展示室へはエレベーターで移動

藤田嗣治《家馬車の前のジプシー娘》 1956年

no.16

山王美術館

大阪・京橋

時空を超えた稀少なアートに出合う

ホテルチェーン・ホテルモントレの創立者が五十数年にわたり収集したコレクションを公開・展示する山王美術館。２０２２年には京橋にあるオフィス街・大阪ビジネスパークに移転。建物は地上5階建ての独立館としてオープン。展示室は3フロアにあり、コレクションのみによる企画展を年2回、開催する。

西洋画から日本画まで幅広いコレクションには名品が多く、移転後の開館記念展では、長らく〝幻の大作〟とされてきた黒田清輝の油彩画《夏（野遊び）》が１２７年ぶりに公開され話題に。企画展ごとに初公開の作品も多く、山王美術館でしか出合えない一級品が待つ。

所蔵品図録やコレクションをモチーフにしたオリジナルグッズを扱うミュージアムショップも併設。入場券なしで利用できるので、気軽に立ち寄ってみて。

シスレー《サン＝マメスのマロニエの木》 1880年

キスリング《ミモザとパンジー》 1937年

黒田清輝《夏（野遊び）》 1892年

小出楢重《窓》 1922年

佐伯祐三《アネモネ》 1925年

山王美術館　さんのうびじゅつかん

(住) 大阪市中央区城見2-2-27　(電) 06-6942-1117
(時) 10:00～17:00（最終入館16:30）
(休) 火・水曜（祝日の場合開館）
(¥) 1300円
(交) JR京橋駅西出口または南出口から徒歩約5分

ルノワール《裸婦》 1918年

☆☆☆

選りすぐりの名品が充実 約600点のコレクション

約600点のコレクションの中には、国内外の洋画が多数含まれる。梅原龍三郎、佐伯祐三、小磯良平といった関西ゆかりの画家を中心とした近代の日本洋画に加え、日本の近代洋画界に大きな影響を与えたコローやミレー、ルノワール、シスレーらの作品を収蔵。またパリで活躍した画家・藤田嗣治の作品は70点と国内有数のコレクション数を誇る。

shop

藤田嗣治の作品をあしらった オリジナルグッズが人気

コレクション作品の一筆箋やポストカードのほか、所蔵品100点を掲載した図録を販売。なかでも花々を繊細に描いた藤田嗣治作品のグッズは人気。

山王美術館　ミュージアムショップ

(時)(休) 山王美術館に準ずる

国宝

/ OTAKARA \

寝覚物語絵巻

平安時代後期

金銀の箔を用いた春の明るい庭と、静けさ漂う屋内という対照的な場面が描かれる

国宝

/ OTAKARA \

婦女遊楽図屏風「松浦屏風」（右隻）

江戸時代前期

思い思いに過ごす遊女たち。金地に浮かびあがる人物のスケール感と濃厚な表現が特徴

no. 17

大和文華館

奈良・学園前

「美のための美術館」で名品を堪能

大阪・京都・奈良・三重・愛知の広域で鉄道を運行する関西の私鉄・近畿日本鉄道。通称近鉄の初代社長・種田虎雄の「沿線に国際的な文化施設をつくりたい」という構想から生まれたのが大和文華館。国宝や重要文化財が数多く収集され、それを展示する環境まで考え抜かれた「美のための美術館」だ。

代表作品は国宝《寝《ね》覚《ざめ》物《もの》語《がたり》絵《え》巻《まき》》。平安時代末期の長編恋愛物語の終盤を描いたとされ、現存するのは4場面のみ。優美な

なまこ壁など日本の伝統建築の意匠を取り入れた外観

☆ ☆ ☆

美しい庭園に囲まれた美術館 展示室の設計にもひと工夫

美術館を設計したのは、多くの近代数寄屋建築を手掛けた建築家・吉田五十八《よしだいそや》。美術館は、日本最古のため池と伝わる蛙股池《かえるまた》を眺められる高台にあり、四季折々の花が咲く庭園「文華苑」に囲まれている。展示室の中央に、竹が植えられた中庭があるのも大きな特徴のひとつ。自然を感じられる快適な空間の中で、優品を鑑賞してほしいという構想を形にした。

shop

どれも美術館のオリジナル！ 名品がかわいいグッズに

根付（色絵おしどり香合）。色はカラー・メタル・ベージュ各880円

収蔵品をモチーフにした約200点のグッズは全てオリジナル。京焼の名工・野々村仁清作の「色絵おしどり香合」が羽を広げた愛らしい姿の根付に。

大和文華館 ミュージアムショップ

㊖㊡ 大和文華館に準ずる

重文 / OTAKARA \

染付山水文大皿

江戸時代前期

白磁に藍色の顔料で染め付けした伊万里焼初期の大皿。力強い筆致で山や木々を表現

やまと絵という様式で物語の世界が描かれる。

伊万里焼の大作《染付山水文《そめつけさんすいもん》大皿《おおざら》》や、公家の近衛家に伝わった茶道の道具《色絵おしどり香合》など、絵画以外の名品も多い。自然を身近に感じられるよう設計された館内はリラックスできる空間。肩ひじ張らずにゆっくり楽しんで。

大和文華館 やまとぶんかかん

㊟ 奈良市学園南1-11-6 ㊢ 0742-45-0544
㊖ 10:00〜17:00（最終入館16:30） ㊡ 月曜（祝日の場合翌日）
㊎ 630円 ㊇ 近鉄学園前駅南出口から徒歩約7分

京都市勧業館などを手掛けた建築家・川崎清が設計

no. 18

相国寺承天閣美術館

京都・今出川

伊藤若冲の障壁画が常設で見られる

3 2

2. 回廊の大きな窓の向こうには「十牛の庭」が
3. 収蔵品を中心に年に約3回、企画展を実施

室町幕府の第三代将軍足利義満によって創建された、臨済宗相国寺派の名刹・相国寺。1984（昭和59）年には創建600年記念事業の一環として境内に美術館が建てられ、《玳《たい》玻散花文天目《ひさんかもんてんもく》茶碗》をはじめとする国宝5点、長谷川等伯の《竹林猿猴図屏風《ちくりんえんこうずびょうぶ》》など重要文化財145点を含む文化財を収蔵。所蔵品は中近世の墨蹟や茶道具、工芸品のほか、相国寺とゆかりの深い伊藤若冲などの絵画も多数。また鹿苑寺(金閣寺)や慈照寺（銀閣寺）などの塔頭寺院の寺宝も収められる。

第一展示室にある鹿苑寺境内に建つ茶室「夕佳亭《せっかてい》」の復元や、第二展示室の伊藤若冲による水墨画の傑作《鹿苑寺大書院障壁画》の一部が見どころ。心静かに鑑賞したい。

重文
OTAKARA

鹿苑寺大書院障壁画 月夜芭蕉図床貼付

伊藤若冲 宝暦９年　鹿苑寺蔵

40代の若冲が鹿苑寺（金閣寺）の大書院に描いたという貴重な障壁画

☆☆☆

若冲ファンなら必見！ 異国情緒あふれる障壁画

江戸中期に相国寺113世住持であった大典禅師の大抜擢により、鹿苑寺大書院の障壁画を手掛けたといわれる伊藤若冲。月に芭蕉、ブドウの葉やつるなどエキゾチックな取り合わせを画題として描いた襖絵が２点も常設で鑑賞できるのは貴重。また展示室内に床の間や畳など大書院のしつらいの一部が再現されているのも臨場感がある。

OTAKARA
重文

鹿苑寺大書院障壁画 葡萄小禽図床貼付

伊藤若冲 宝暦９年　鹿苑寺蔵

ブドウの葉や果実、つるを奔放に描いた障壁画を大書院の一部として復元

shop

多くの名品を残した絵師たちのグッズで日常生活を彩って

伊藤若冲 注染手ぬぐい「竹虎図」1760円

ミュージアムショップは中央ロビーの一角に。若冲や円山応挙などゆかりの絵師の作品をモチーフとした、カードや手ぬぐいなどのアイテムがそろう。

相国寺承天閣美術館　ミュージアムショップ

㊐㊡ 相国寺承天閣美術館に準ずる

相国寺承天閣美術館

しょうこくじじょうてんかくびじゅつかん

㊟ 京都市上京区今出川通烏丸東入相国寺内　㊄ 075-241-0423
㊐ 10:00〜17:00（最終入館16:30）　㊡ 展示替え期間
¥ 800円　㊋ 京都市営地下鉄今出川駅１番出口から徒歩約８分

no. 19

京都・岡崎

細見美術館

琳派ブームに火をつけた先駆け的存在

複数の大型美術館が点在する関西有数の文化ゾーン、京都・岡崎。その一角に建つ細見美術館は、カフェ&レストランとオリジナルグッズが豊富なショップを併設するミュージアムの先駆けとして、1998（平成10）年に開館。定期的に開催される琳派の企画展でも注目を集め続けている。

　同館所蔵のコレクションは約1000点。もともとは毛織物業で財を築いた昭和の実業家・細見良が、平安・鎌倉時代の仏教美術を収集したのが始ま

伊藤若冲《雪中雄鶏図》江戸中期

伊藤若冲《群鶏図》寛政8年（1796）頃

exhibition

細見コレクション
若冲と江戸絵画

2025年3月1日～5月11日
¥ 1800円

伊藤若冲30代の作といわれる彩色画の《雪中雄鶏図》から晩年作の《群鶏図》までが楽しめる、豊富なコレクションが見どころ。

りだ。その息子である實は伊藤若冲や酒井抱一といった江戸絵画をコレクション。細見家三代で集めた名品を多くの人に見てもらおうと、孫の良行が館長となって開館したのがこの美術館だ。鑑賞後、一度外に出て階段で次の展示室へ移動する建物の構造もユニーク。

☆☆☆

琳派好きにはたまらない珠玉のコレクション

酒井抱一、神坂雪佳ら琳派絵師の作品コレクションの充実ぶりから〝琳派美術館〟の異名を取る同館。その理由は、細見實が一般的に知名度が低い琳派絵師にも注目し収集に情熱を注いだことによる。その一部は、2025年4月より6月まで長崎歴史文化博物館で開催される特別展で鑑賞できるので堪能したい。

神坂雪佳《金魚玉図》明治末期

酒井抱一《桜に小禽図》江戸後期

cafe&restaurant

企画展とコラボする期間限定スイーツも

吹き抜けの中庭に面した地下2階にあり、テラス席も設けられる。和のテイストを取り入れた落ち着きある空間で、限定スイーツも味わえる。

CAFÉ CUBE（カフェ キューブ）
㊂075-751-8606
(時)10:30～17:00（16:30LO）
※ランチタイムは11:30～14:30
(休)細見美術館に準ずる

CHECK カフェはP.124もチェック

shop

若冲や琳派のオリジナルグッズの宝庫

細見コレクション 琳派香袋各1100円

地下2階のショップで和がコンセプト。若冲柄の刺しゅう入りオーガンジーバッグや、中村芳中《仔犬図》の豆皿など、思わず目移りする品ぞろえ。

ARTCUBE SHOP（アートキューブ ショップ）
㊂075-761-5700
(時)(休)細見美術館に準ずる

CHECK グッズはP.176もチェック

細見美術館 ほそみびじゅつかん

(住)京都市左京区岡崎最勝寺町6-3 ㊂075-752-5555
(時)10:00～17:00 (休)月曜（祝日の場合翌日）
(¥)展覧会により異なる (交)京都市営地下鉄東山駅2番出口から徒歩約10分、京都市バス東山二条・岡崎公園口から徒歩約3分

最上階の5階にある、山紅葉が植えられた「光庭」と茶室。京都の繁華街にいることを忘れる静寂な空間

北大路魯山人《つばき鉢》 1938年

北大路魯山人《備前旅枕花入》 1958年

no. 20

京都・祇園

何必館・京都現代美術館

最上階に庭を備えた静寂空間

祇園町に佇む、地下1階・地上5階のモダンなビルディング。定説を「何ぞ必ずしも」と疑う自由な精神を持ち続けることを願い「何必館」と名付けられた美術館で、1981（昭和56）年に開館した。最上階には上空から自然光が差し込む「光庭」や、作品の展示空間として設えられた茶室があり、街の喧騒から切り離された静かな時間が流れている。コレクションは、館長を務める梶川芳友氏が敬愛する日本画家の村上華岳をはじめ、「詩魂の画家」と評された洋画家の山口薫、陶芸や書など美術工芸品を数多く手掛けた北大路魯山人の作品が充実。

　ほかにも、パウル・クレー、富本憲吉、木村伊兵衛、ロベール・ドアノーなど、国内外の近代・現代の絵画、工芸品、書、写真なども幅広く収蔵し、企画展を通じて随時公開している。

地下1階の魯山人の作品は、常設展示で楽しめる

山口薫《おぼろ月に輪舞する子供達》 1968年

村上華岳《太子樹下禅那図》 1938年

代表作！
KAHITSUKAN

北大路魯山人《呉須花入》 1949年

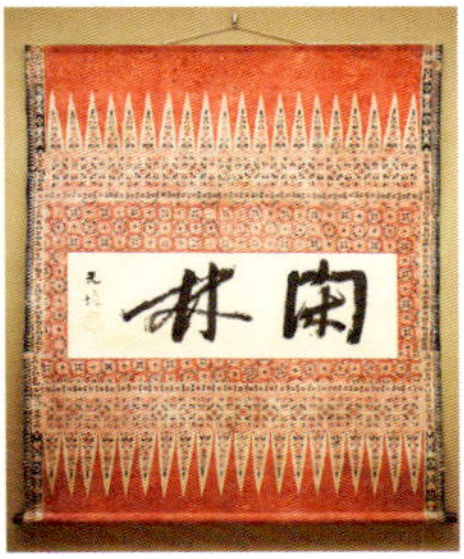

北大路魯山人《閑林》 1954年

☆☆☆

コレクションの柱でもある日本美術の3人の作家たち

5階の茶室に掛けられることが多い、村上華岳の仏画《太子樹下禅那図》。梶川氏が衝撃を受けるほど感動し、館設立のきっかけになった作品だ。同館では華岳の絵画をはじめ、山口薫、北大路魯山人と、3人の作家の作品を複数収蔵。現在の常設展示は魯山人の部屋のみだが、年1回程度開催の「何必館コレクション展」では各人の作品と対面できる。

何必館・京都現代美術館

かひつかん・きょうとげんだいびじゅつかん

㊟ 京都市東山区祇園町北側271　㊂ 075-525-1311
㊋ 10:00〜18:00（最終入館17:30）　㊡ 月曜
(¥) 1500円　(交) 京阪祇園四条駅7番出口から徒歩約3分

上村松篁《燦雨》1972（昭和47）年

上村淳之《四季花鳥図》2010（平成22）年
近鉄グループホールディングス株式会社蔵 松伯美術館管理

no. 21

松伯美術館

奈良・登美ヶ丘

美人画や花鳥画の世界に魅せられて

奈良市西部に広がる、豊かな緑に囲まれた大渕池《おおぶちいけ》のほとりに佇む松伯美術館。ここは、親子孫の三代で日本画の美を追求した上村松園《しょうえん》、松篁《しょうこう》、淳之《あつし》の作品を一堂に鑑賞できる国内でも珍しいミュージアムだ。

京都生まれの女性画家・上村松園は、美人画の第一人者。優美で品格があり、凛とした強さも感じさせる女性を、繊細な筆遣いで描いた作品で知られる。代表作の《楊貴妃》は二曲一隻の屏風絵で、湯あみを終えた後のやわらかな表情が印象的。

鳥カゴを思わせるドーム形のガラス張りの玄関

松園を母に持つ松篁は、幼い頃から鳥や花を愛し、格調高い花鳥画で独自の画風を築いた。

松篁の息子である淳之も700羽以上の鳥を飼育するほどの愛鳥家で、鳥への優しいまなざしが感じられる花鳥画を数多く残した。3人それぞれが追求した日本画の世界に静かに浸りたい。

上村松園《楊貴妃》 1922（大正11）年

shop

気品ある美人画や豊かな色彩で描かれた花鳥画をいつも手元に

上村淳之 米寿記念トートバッグ880円

ミュージアムショップでは、オリジナルのグッズなどを販売。特別展の図録や所蔵作品集を手に入れ、名画を家でゆっくり見返すのもおすすめ。

松伯美術館 ミュージアムショップ

(時)(休) 松伯美術館に準ずる

☆☆☆

季節の花が咲く園内を散策 大渕池の眺めにも癒されて

美術館があるのは、近鉄名誉会長だった佐伯勇の旧邸宅の敷地内。名画を味わった後は、敷地内の散策も楽しみたい。入館者だけが入れる四季折々の花が咲く庭園には、散策道「逍遥の小径」もあり、高台からは広々とした大渕池が一望できる。また館に隣接する旧佐伯邸は、昭和を代表する建築家・村野藤吾の設計。事前予約制（10名以上）で見学可能。

美術館は、池のほとりの広大な旧佐伯邸の敷地内に立っている

松伯美術館 しょうはくびじゅつかん

(住) 奈良市登美ヶ丘2-1-4
(電) 0742-41-6666
(時) 10:00～17:00(最終入館16:00) (休) 月曜(祝日の場合翌平日)
(¥) 820円(特別展は展覧会により異なる)
(交) 奈良交通バス大渕橋から徒歩約3分

♡♡♡

LOVE THE MUSEUM CAFE

Enjoy your break time

ミュージアムのカフェにうっとり

"思わず食べずに取っておきたくなる"とSNSでその美しさが話題となった陶片クッキーから、庭園パフェ、スペシャルランチプレートまで、注目を集めるスイーツやフードが美術館併設カフェには目白押し！

企画展のアート作品とコラボした期間限定メニューが登場する機会も増えているので、ますます目が離せない。

気になるあの作品を見に足を運びつつ、舌でもアートを楽しめばより満足感が高まりそう。

2　1

1.先にカウンターで注文と支払いを行うシステム　2.ガラス張りの店内からはレンガ造りの大阪市中央公会堂や木々の緑が眺められる

♡ 大阪市立東洋陶磁美術館　OSAKA

café KITONARI

陶磁器の「キ」と美術館の「トナリ」から「キトナリ」。ガラス張りの開放的な店内では、チョコレートムースの「木葉天目《このはてんもく》」やパンナコッタの「白磁刻花《はくじこっか》」など収蔵品をモチーフにしたスイーツやドリンクに加え、ホットサンドやパスタなどの軽食も楽しめる。

CHECK 美術館はP.42

\\ 食べられる陶片クッキー♪ //

陶片クッキー500円。国宝《飛青磁花生（とびせいじはないけ）》などの作品をアイシングで再現

オススメスイーツ

\\ アートが飲めちゃう?! //

オススメドリンク

名品の瓶がドリンクにも変身した、飛青磁花生（抹茶ラテ）900円。黒の斑点はなんとチョコレート。中にはハート形も

1

2

アートを感じるメニューがずらり

六角形のテーブルは館蔵の佐伯祐三作品にちなむもの

♡ 大阪中之島美術館

OSAKA

ミュゼカラト

大阪・心斎橋にあるフレンチの名店「リュミエール」の姉妹店、「ミュゼカラト」。メニューには目でも舌でも楽しめるランチやスイーツがスタンバイ。フランス随一のティーブランド・ダマンフレールの紅茶付きアフタヌーンティーセットも人気。

CHECK 美術館はP.64

1.濃厚で滑らかな舌触りの、龍の卵とジャージー牛乳のプリン パフェ仕立て1430円　2.多彩な料理に心躍るスペシャルワンプレート遊園地2970円

ガラス張りの窓から光が注ぐ開放的な店内。個室やテラス席を含め全128席で、1人でも大人数でもくつろげる

＼＼ 現代作家の茶碗で一服 //

♡ 藤田美術館　OSAKA

あみじま茶屋

鑑賞の後は、吟味した材料を使い手間を惜しまず丁寧に作られるだんごとお茶で、余韻を味わうのはいかが？ だんごは和歌山県湯浅のものを使った「醤油」と丹波大納言から作られる「あんこ」が1本ずつ。お茶は抹茶・煎茶・番茶から好きなものを選んで。

CHECK 美術館はP.76

1

2

3

1.茶屋のカウンターは職人の左官仕上げ　2.エントランスには広間「時雨亭」も　3.お茶とだんご500円

本物に触れるきっかけにという館側の思いから、茶碗は現代作家作品、抹茶はクリーミーな泡と程よい苦味のあるもので提供

＼＼ 心惹かれるレトロなルックス //

数量限定のプリンアラモード1000円とカフェラテ750円

♡ 京都市京セラ美術館　KYOTO

ENFUSE

大規模リニューアルにより2020年、新たに誕生したカフェ。リボン状のガラス窓が印象的で開放感がある。京都近郊の野菜などを使ったおかずプレートや地元醸造所によるビールといった〝京都らしさ〟を軸に、厳選された素材を用いたメニューがそろう。

CHECK 美術館はP.18

グレーのカウンターをはじめ、モノトーンでまとめられた店内

京たまごのサンドイッチ1100円などの軽食も。持ち帰り用のオリジナルブレンドコーヒー500円

\ 絶景が広がるテラス席 /

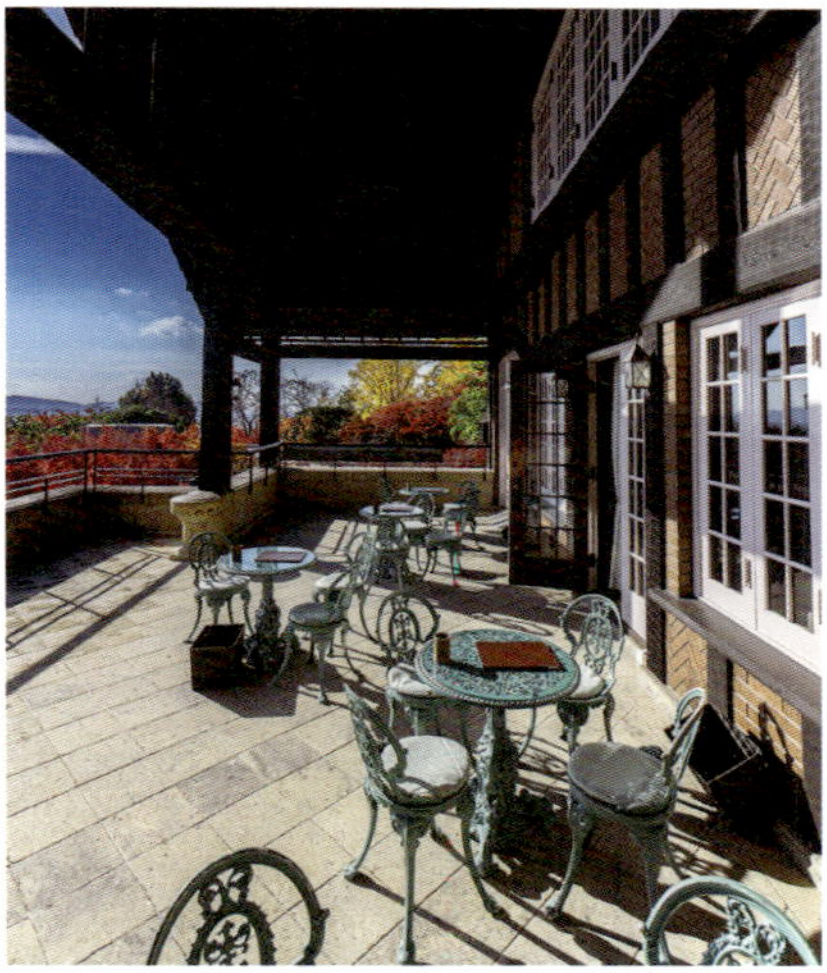

1

2

1.スイスのシャレーと呼ばれる民家様式を取り込んだ、素朴な風情が漂うテラス　2.天気のよい日は、三川はもとより対岸の男山や奈良の山々まで見渡せる

オススメスイーツ

ワインケーキ550円とホットコーヒー650円

♡ アサヒグループ大山崎山荘美術館

喫茶室

KYOTO

入館者限定

加賀正太郎が別荘として設計した、本館の２階にある喫茶室。特にテラスからの眺望が素晴らしく、加賀が目にした木津川・宇治川・桂川の三川が合流する風景を今も変わらず愛でることができる。展覧会にちなんで登場する限定スイーツメニューもお楽しみ。

CHECK 美術館はP.112

\\ レトロ空間で生ビールを堪能！ //

♡ 福田美術館

KYOTO

パンとエスプレッソと福田美術館

人館者限定

美術館の南棟にあり、大きなガラス張りの窓から渡月橋や嵐山を一望できる。床や家具類に無垢材を使用した店内で、軽食やスイーツを味わって。上質の素材を使ったパニーニや季節替わりのパフェが人気。企画展に合わせた食材を使ったメニューが登場することも。

CHECK 美術館はP.70

\\ 景色が見渡せる窓際が人気 //

庭園の設計はランドスケープアーキテクトの三谷康彦氏。大きな水盤や植栽は嵐山の自然としっくりなじむよう配置。カフェは入館者限定なのでゆったりくつろげる

// 焼きたてのパニーニに舌鼓 //

1

2

1.野菜たっぷりのパニーニは3種類。パニーニ&ドリンクセット1900円　2.季節の福パフェ1500円～（提供は13:00～、季節によって内容は異なる）

\\ 源氏物語の世界に没入 //

平安時代の洲浜をイメージしたボウルパフェ庭園パフェ –夏の洲浜–1650円。ミニパフェ –夏の洲浜–990円（季節によって内容は異なる）

♡ 宇治市源氏物語ミュージアム **KYOTO**

雲上茶寮

本格的な日本茶カフェで、宇治茶や日本茶のほか、フォトジェニックなパフェや季節の上生菓子が味わえる。お茶は、抹茶・玉露・煎茶・焙じ茶などがラインナップ。冷茶は水出しでじっくり抽出して供される。庭園を眺めながら、香り豊かなお茶でひと息を。

CHECK 美術館はP.171

2

1

1. 大きな窓の向こうには趣ある枯山水庭園が広がる
2. 『源氏物語』宇治十帖をイメージした、IMAGINARY TEA 玉露 薫（ICE）990円

♡ 白沙村荘 橋本関雪記念館　KYOTO

レストラン NOANOA

ヨーロピアンスタイルのクラシカルなインテリアは落ち着きもあり、ランチやディナー、そして特別な記念日とさまざまなシーンで訪れたい。国登録有形文化財の洋館や、四季折々の自然に彩られたオープンガーデンを眺めながら、イタリアンを堪能したい。

CHECK 美術館はP.106

オススメ フード

1

3

2

1. きのことベーコンのスパゲティ（S）1430円、5種のチーズのピザ（S）2200円など　2. 店内は明るく開放的な雰囲気　3. 窓からは大文字山を一望

3

2

4

1. カプチーノソフトのパフェ「伽羅」とコーヒー「龍之助」のセット1230円　2･3. 天井が高くゆったりした店内　4. 重厚な扉が印象的な入口

オススメ スイーツ

1

♡ 京都文化博物館　KYOTO

前田珈琲 文博店

旧日本銀行京都支店の金庫室を改装したカフェで、運営するのは京都のコーヒーチェーン・前田珈琲。店内では名物・ナポリタンなどの軽食のほか、スイーツや自家焙煎コーヒーなどが味わえる。かつての面影が残る入口の分厚い扉にも注目を。

CHECK 博物館はP.120

①

気になるテーマ別

この美術館に行きたい！

KANSAI MUSEUM GUIDE

LET'S GO TO SPECIAL MUSEUM

☆☆☆

アーティストのアトリエへ。

あの有名作家や工芸家の素顔って？
アーティストの息遣いまで感じられそうな、
制作の現場を今に伝えるミュージアム。

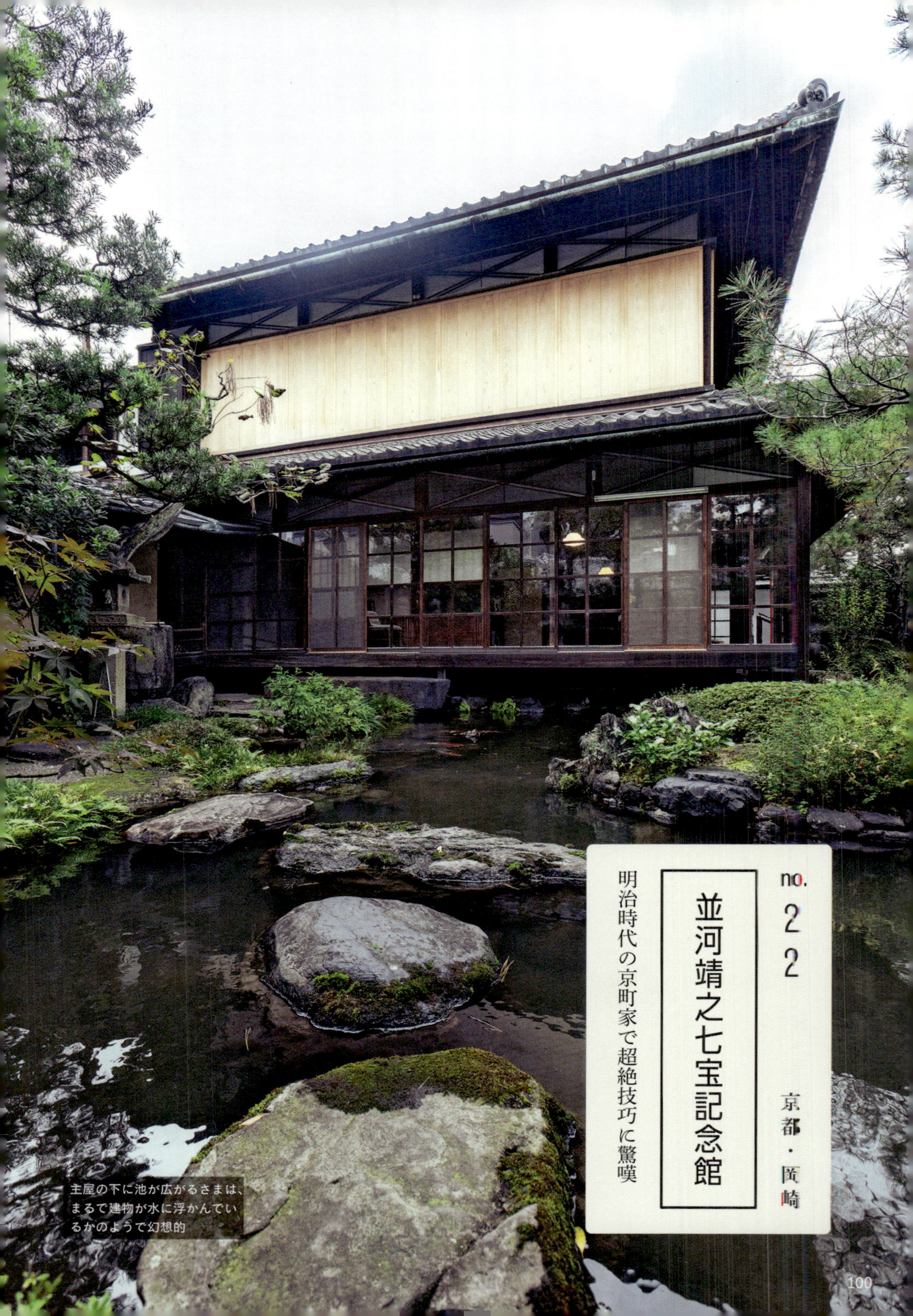

no. 22

京都・岡崎

並河靖之七宝記念館

明治時代の京町家で超絶技巧に驚嘆

主屋の下に池が広がるさまは、まるで建物が水に浮かんでいるかのようで幻想的

大規模な表屋造で虫籠窓や格子、駒寄せ、一文字瓦を備えた伝統的な商家の構えをしている

平安神宮へ向かう神宮道から静かな小路に入ると、虫籠窓に格子が美しい古い町家が現れる。明治から大正時代にかけて活躍し、日本を代表する七宝家で帝室技芸員でもあった並河靖之の旧邸を生かした記念館だ。

1894（明治27）年に建てられた、国登録有形文化財の旧邸宅は、表屋および住居かつ来客をもてなす主屋、工房、窯場からなり、並河の生活と仕事の両面を伝える。

展示は時期によって異なり、並河七宝の作品や史料をテーマごとに公開。実際に作品を目の前にすると、文様のあまりの緻密さに驚かされる。

京町家特有の通り庭や名作庭家・七代目小川治兵衛が手掛けた庭園も見事で、建築ファンも必見。町家の風情、庭園の美しさ、そして七宝の精緻な世界をじっくりと堪能しよう。

並河靖之《藤草花文花瓶》 19～20世紀初め

黒地に白と紫の藤の花をあしらった並河の代表作のひとつで、高さ23㎝と見応えたっぷり。特に首まわりの文様の精緻さはぜひ現物を見て確かめてほしい

☆ ☆ ☆

繊細さと色彩が魅力 並河靖之の有線七宝技法

七宝は、金属や陶磁器の素地にガラス質の釉薬をのせて焼き、研磨して作られる。なかでも並河は図柄のアウトラインを銀などの金属線で模り、中に釉薬で色を挿す「有線七宝技法」を極めた。その図柄は主に蝶や鳥、花など自然を取り入れたものが多く、緻密で繊細かつ色彩の豊かさが魅力。並河は新たな釉薬の開発にも力を注ぎ、七宝の表現の幅を広げた。

2

並河靖之《菊唐草文細首小花瓶》
明治時代

1

並河靖之《双鶏菊花文壺》
明治時代

3

1.優しい色の淡い緑地に、2羽の鶏と菊の花が描かれている。高さは16.8cm　2.鮮やかなトルコブルーに菊と唐草の文様が映える。高さ13.3cmと小ぶりな瓶だけにより技術の巧みさが際立つ　3.第2展示室では七宝の展示のほか、並河が作品製作に使用していた道具なども見られる

4.窯場には釉薬が入った瓶が並ぶ　5.京都の町家の特徴のひとつである通り庭も見学できる　6.窯を使ってひとつずつ作品を焼き上げた（現在展示中の窯は復元）

4

☆ ☆ ☆

世界の人々を魅了した 美しい七宝が生まれる場

並河靖之の七宝作品は、1889（明治22）年に開催されたパリ万国博覧会で金賞を受賞するなど、海外でも高く評価された。1894（明治27）年に建てられた邸宅には並河の作品を求める人々が訪れ、主屋はそのような国内外からの客人をもてなす応接間と住居として使用。庭園の東側は職場である工房と窯場が配置され、職住一体の場となっている。

5

6

☆ ☆ ☆

琵琶湖疏水を引き入れた小川治兵衛の名庭

庭園は後に平安神宮の神苑や山縣有朋の旧別邸「無鄰菴」を手掛けるなど、明治から大正時代にかけて活躍した作庭家・七代目小川治兵衛によるもの。並河家の隣で親しかったことから依頼した。個人邸として初めて琵琶湖疏水の水を引き入れ、京都の鞍馬石や貴船石など銘石をふんだんに使った庭は京都市指定名勝に指定されている。

1

1.当時の製法で作られた揺らぎのあるガラス窓がレトロな雰囲気をかもしだす　2.池には色鮮やかな鯉が泳ぐ　3.第2展示室の軒下には平安時代や桃山時代などの古い瓦が多数はめ込まれている

3

2

shop

美しい文具を使って七宝を身近に感じよう

一筆箋各350円

レジ前のショップコーナーで建物と庭や作品について紹介した図録、並河靖之の七宝作品を写した絵はがきやクリアファイル、一筆箋を販売。

並河靖之七宝記念館 ミュージアムショップ
(時)(休) 並河靖之七宝記念館に準ずる

クリアファイル（小）200円

風のない日には池に鏡面のように美しく記念館が映る

並河靖之七宝記念館　なみかわやすゆきしっぽうきねんかん

(住) 京都市東山区三条通北裏白川筋東入堀池町388　(電) 075-752-3277
(時) 10:00～16:30（最終入館16:00）　(休) 月・木曜（祝日の場合翌日）※夏季・冬季長期休館あり
(¥) 1000円　(交) 京都市営地下鉄東山駅1番出口から徒歩約3分

エントランスに入ると中庭にあるアトリエが正面に見える

no. 23

神戸・六甲アイランド

神戸市立 小磯記念美術館

名画が生まれたアトリエを再現

1992年、緑あふれる六甲アイランド公園内に開館した美術館

1903（明治36）年、神戸市に生まれた洋画家・小磯良平。異国情緒あふれる神戸に育ち、ヨーロッパ留学で西洋絵画の名作に触れた小磯は、帰国後も「欧州絵画の古典的な技法を日本の洋画に根付かせる」ための研究を続け、モダンで気品あふれる画風を確立させた。

その作品を所蔵・公開しているのが神戸市立小磯記念美術館。中庭には、小磯良平が40年、制作に使っていたアトリエが、移築・復元されている。

イーゼルや、絵の具が何層にも重なったパレットのそばには、創作にいそしむ画家の姿が見えるよう。床には絵の具が飛び散り、制作現場のリアルな雰囲気が伝わってくる（110ページ参照）。

平日の14時からは、スタッフによるアトリエ解説会も実施。ぜひ参加してみては？

☆ ☆ ☆

優れた描写力と色彩感覚で生み出した女性像

小磯は1922（大正11）年に東京美術学校（現・東京藝術大学）の西洋画科に入学し、在学中に《T嬢の像》で帝展（帝国美術院展覧会）特選を受賞。画壇に鮮烈なデビューを果たした。「女性画の画家」と称され、生涯にわたり女性の肖像画を描いた。バレエダンサーを描いた作品には、フランス留学中に鑑賞したエドガー・ドガなどの作品の影響が見られる。

《室内のバレリーナ》 1967年　油彩・キャンバス　90.7×90.8cm

室内でキャンバスに向かう踊り子という題材がユニークで、踊り子の凛とした眼差しが印象的。小磯の構図の巧みさがわかる作品

《鳩と婦人》 1959年　フレスコ　105×130cm

下絵に中央部だけ彩色した作品。2羽の鳩と、花を片手に膝を折る女性が描かれている

shop

企画展ごとに登場するオリジナルグッズも楽しみ

美術館封筒
クリアファイル
「騎士の門出」400円

ミュージアムショップでは、オリジナルグッズや、展覧会の図録などを販売。企画展のテーマに沿ったグッズが登場することもあるので、お楽しみに。

神戸市立小磯記念美術館 ミュージアムショップ

(時)(休) 神戸市立小磯記念美術館に準ずる

cafe

当日チケット提示でクッキーがもらえる

「KOISO CAFE」ではコーヒーなどのドリンクを500円で販売。当日の入館券を提示すると、人気店「神戸洋藝菓子ボックサン」のクッキーのプレゼントが。

KOISO CAFE（コイソ カフェ）

(時)(休) 神戸市立小磯記念美術館に準ずる

神戸市立小磯記念美術館

こうべしりつこいそきねんびじゅつかん

(住) 神戸市東灘区向洋町中5-7（六甲アイランド公園内）
(電) 078-857-5880　(時) 10:00～17:00（最終入館16:30）
(休) 月曜（祝日の場合翌日）　(¥) 200円
(交) 六甲ライナーアイランド北口駅（小磯記念美術館前）から徒歩約2分

no.24

白沙村荘 橋本関雪記念館

京都・東山

橋本関雪が設計した壮大なアトリエ

庭園の中心に建つ大画室「存古楼」。芙蓉池に映る姿が美しい

1

2

3

1. 庭園には関雪が収集した平安時代から桃山時代の石仏や石塔が100超も　2. 茶室「憩寂庵」　3. 渉月池畔に佇む茶室「倚翠亭」

大文字山の麓、哲学の道に面した小さな門をくぐると、外からは想像できないほど大きな庭園が広がる。ここは、大正から昭和に京都画壇で活躍した日本画家・橋本関雪が、１９１４（大正3）年から約30年かけて設計・造営したアトリエ兼邸宅だ。

国指定名勝の池泉回遊式庭園には居宅や茶室、持仏堂などが点在する。特に注目したいのは、大作屏風の制作に使われた大画室「存《ぞん》古《こ》楼《ろう》」。池に反射した太陽光が部屋の中心に集まるよう、天井や床の高さ、庇の角度まで計算されている。

順路の最後に登場するのは、２０１４（平成26）年リニューアルの橋本関雪記念館ＭＵＳＥＵＭ。関雪の晩年の計画を実現したもので、関雪の作品やコレクションが鑑賞できる。関雪の理想の制作場と作品を、ぜひ満喫してほしい。

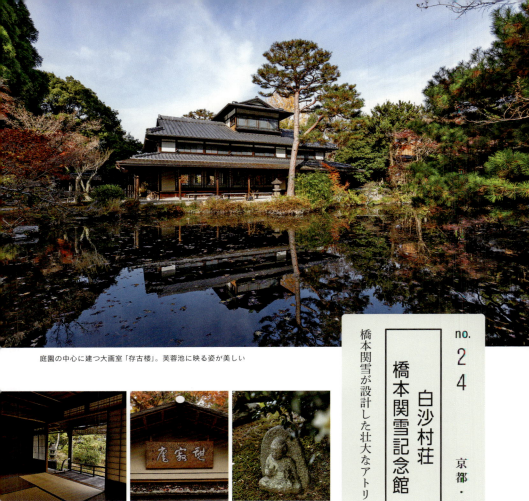

橋本関雪《琵琶行》(左隻)　1910年

☆ ☆ ☆

幼い頃から漢詩に親しみ描いた中国古典の世界

関雪は儒学者の父に幼い頃から漢詩や書画の手ほどきを受けており、中国古典世界を描くことを得意とした。中国旅行にも頻繁に訪れ、その数は60回以上ともいわれる。《琵琶行》は、816年頃に唐代中期の漢詩人・白居易が綴った長編叙事詩《琵琶行》をテーマにした作品。辺境の地に左遷される地方官が、長安の名妓の琵琶を聞く場面を描いている。

橋本関雪記念館MUSEUM 2階では、国内外の現代作家の作品を紹介する企画展を随時開催

shop

関雪のグッズはもちろん現代日本画家の文房具も

「南国」一筆箋＆チケットホルダー550円

ミュージアムショップは２階展示室の入口手前に。関雪の作品の図柄を取り入れたグッズのほかに、日本画家の諫山宝樹氏のレターセット1540円なども。

白沙村荘 橋本関雪記念館
ミュージアムショップ

(時)(休) 白沙村荘 橋本関雪記念館に準ずる

扇子 関雪画竹
(大) 2840円

restaurant

カフェタイムもGOOD 人気の老舗イタリアン

関雪が収集した西洋美術品の展示室として1929年に建てたイベリア式洋館に隣接するレストラン。創業は1970年と、京都のイタリアンの草分け的存在。

レストラン NOANOA (ノアノア)

(電) 075-771-4010
(時) 11:00～21:00 (20:00LO)
(休) 不定休

CHECK カフェはP.98もチェック

白沙村荘 橋本関雪記念館

はくさそんそう はしもとかんせつきねんかん

(住) 京都市左京区浄土寺石橋町37　(電) 075-751-0446　(時) 10:00～17:00 (最終入館16:00)
(休) 火曜 (4月～5月第１週、11月～12月第２週は開館)
※夏季・冬季に臨時休館あり、詳細は公式サイト参照
(¥) 1300円　(交) 京都市バス銀閣寺道から徒歩約３分

no.25

河井寛次郎記念館

京都・東山

河井寛次郎の自宅兼工房を公開

大正から昭和にかけて、日常の生活道具に美を見いだす「民藝運動」を推進した陶工・河井寛次郎。その住居兼工房を活用したのが、陶器の町・五条坂近くに建つ河井寛次郎記念館だ。

１９３７（昭和12）年に寛次郎自身が設計し建築した館内には寛次郎の作品や収集した品、調度品などが並び、奥には大きな登り窯も。寛次郎はここで家族と生活を営みながら作品を制作し、「暮しが仕事　仕事が暮し」という言葉を残した。寛次郎が愛した「日常の美」をぜひ体感してほしい。

《木彫像》 1954年頃

中庭から日差しが入る陶房には蹴まわしろくろがあり、道具類や作品も展示されている

shop

寛次郎は挿絵や文字も魅力的。ショップではダイナミックな筆跡に目を奪われるポストカードや、新聞に提供した挿絵の入ったブックカバーなどが販売されている。

河井寛次郎記念館　かわいかんじろうきねんかん

(住) 京都市東山区五条坂鐘鋳町569　(電) 075-561-3585
(時) 10:00～17:00（最終入館16:30）
(休) 月曜（祝日の場合翌日）※夏期・冬期休館あり
(¥) 900円　(交) 京阪清水五条駅２番出口から徒歩約10分

☆ ☆ ☆

「手」のモチーフが印象的 60代から制作した木彫

陶芸作品が有名な寛次郎だが、60代からは木彫《もくちょう》も手掛けた。肉付きがよく何かを包み込んでいるような「手」をモチーフにした木彫は、寛次郎が好み何作も作ったもの。寛次郎の作風は、初期は技巧的で華麗、中期は「用の美」を追求し、後期はより自由なものへと変わっていった。

記念館正面には、染付磁器で世界最大級の《梅染付大皿》を展示。幹や枝の筆致が力強い

no. 26

京都・東山

近藤悠三記念館

茶わん坂で人間国宝の原点をたどる

五条坂から清水寺へ続く茶わん坂は、古くからのやきものの産地。その坂の途中に建つ建物は、１９８７（昭和62）年、陶芸家で陶磁器染付の人間国宝・近藤悠三の生家跡に開館した近藤悠三記念館だ。

２０１７（平成29）年にリニューアルされた館内には悠三の作品はもちろん、１９２４（大正13）年に悠三が構えた陶工房の作業場が資料や道具、ぐい呑酒器などと共に公開されている。ほかにも悠三の子や孫の作品が展示されており、三世代の競演が楽しめる。

《富士染付赤絵金彩壺》
1983年

《松染付壺》 1983年

☆ ☆ ☆

藍色の顔料が特徴 雄大な筆致を楽しんで

悠三作品の大きな特徴は、呉須《ごす》と呼ばれる藍色の顔料を用いた染付。どっしりと安定した壺に描かれたブドウ、ザクロ、山並みなどの絵柄は、迷いのない流れるような筆致が心地よい。赤絵や金彩を取り入れた晩年の作品も、藍色と赤や金のバランスが秀逸で、実に華やか。

近藤悠三記念館　こんどうゆうぞうきねんかん

(住) 京都市東山区清水1-287　(電) 075-561-2917
(時) 12:00～17:00　(休) 火・水曜
(¥) 無料　(交) 京阪清水五条駅4番出口から徒歩約15分

日本を代表する七宝家
並河靖之の仕事道具

◆並河靖之七宝記念館

CHECK P.100

明治期から大正初期にかけて活躍した七宝家・並河靖之の自宅兼工房を公開した記念館。

「並河七宝」では製作の際、ひとつの色を表現するのに数種類の釉薬を調合し、色を塗っては焼く作業を繰り返すなど、細部にまで情熱を注いだ。記念館では釉薬棚や作業机、道具箱など、当時使用された道具を鑑賞できる。

七宝製作工程の見本

MUSEUM COLUMN 3

アーティストの道具たち

美術館では、作品のほかにアーティストの下絵や使っていた画材、道具などが見られることも。作品を創り出した、作家こだわりのツールにも注目してみよう。

驚くほど緻密に描き込まれた下画

あの美しい色彩を生んだ釉薬棚！

近代美人画の名手
上村松園の画材

◆松伯美術館

CHECK P.90

上村松園・松篁・淳之の三代にわたる作品や草稿を展示する美術館。

1948（昭和23）年に女性として初めて文化勲章を受章した上村松園は、生涯にわたって気品ある女性像を描いた。特に女性の髪の生え際の細かい描写が見事で、極細の筆で一本一本描き込んでいたと思われる。松伯美術館には、絵皿や硯、筆洗や面相筆など、松園愛用の遺品が数多く展示されている。

広い面を塗るための大きな刷毛

松園が使っていた画材などが見られる

神戸出身・昭和の洋画家
小磯良平の画室

カゴには太さの違う筆がたくさん

◆神戸市立小磯記念美術館

CHECK P.104

神戸の洋画家・小磯良平の油彩、素描など約2000点の作品を収蔵・展示。

1989（平成元）年、小磯良平の遺族から神戸市へアトリエが寄贈された。アトリエには小磯愛用の画材やモチーフ、時計などが展示され、移築の際には床の絵の具跡も忠実に再現。お気に入りだったという事務用の椅子や、絵の具を重ねて分厚く固まったパレットが、小磯の在りし日の姿を偲ばせる。

①

気になるテーマ別

この美術館に行きたい！

KANSAI MUSEUM GUIDE

LET'S GO TO SPECIAL MUSEUM

☆ ☆ ☆

レトロな洋館が好き。

文明開化の香り漂う重厚なビルヂングに、
実業家や外国人の暮らしぶりを伝える粋な住宅。
乙女心に響く、どこか懐かしい洋館へ。

no. 27

京都・大山崎

アサヒグループ大山崎山荘美術館

英国風山荘と現代建築が調和する

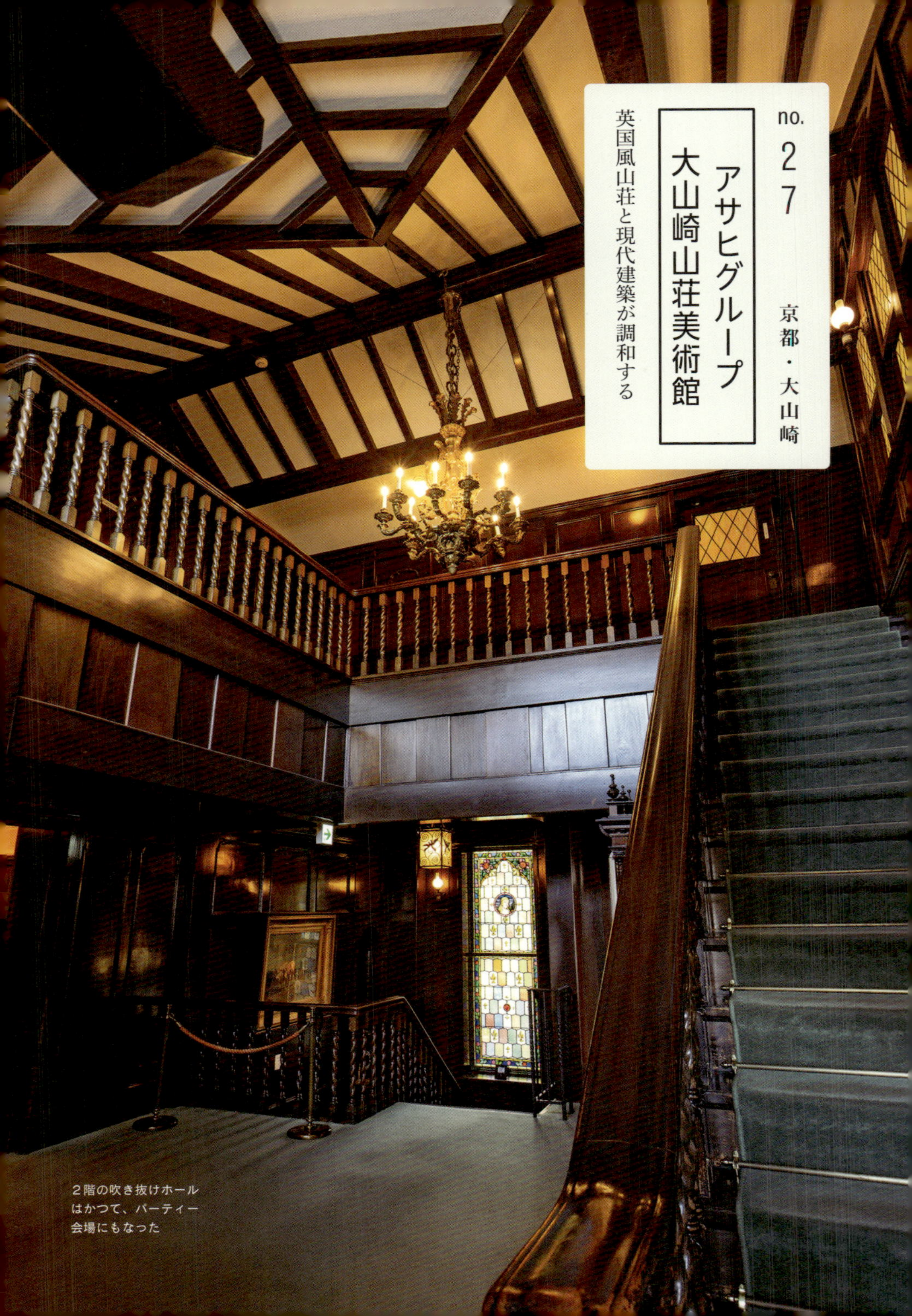

２階の吹き抜けホールはかつて、パーティー会場にもなった

1

2

3

1.2羽の鳥が描かれた照明は山本爲三郎が結婚祝いとして加賀夫妻へ贈ったもの　2.竹の産地として有名な大山崎町にちなんだタケノコの装飾が　3.応接間として使われていたサンルームへ向かう廊下

☆ ☆ ☆

建築好きは必見！
ガラリと違う新旧の空間美

美術館の本館である「大山崎山荘」は加賀正太郎自身が設計し、ハーフティンバー（むきだしの柱）を用いるなどチューダー・ゴシック様式で建てられた洋館だ。一方、建築家・安藤忠雄氏による新棟・地中館「地中の宝石箱」と山手館「夢の箱」は、天王山の自然やレトロな本館とも見事に調和。洋館も現代建築も一度に鑑賞できる。

庭に植えられたカエデが、エントランスである流水門を鮮やかに彩る

自然が残る天王山の南麓に大正から昭和にかけて建てられた実業家・加賀正太郎の別荘「大山崎山荘」。この英国風山荘を創建当時の姿に修復し、建築家・安藤忠雄氏による新棟・地中館「地中の宝石箱」を加え、1996（平成8）年に開館した美術館だ。

　本館をはじめとする旧車庫や栖霞楼《せいかろう》など6つの建物は、国の登録有形文化財。貴重な石や木などの材を用いて、気品あふれる調度品や細やかな装飾がほどこされた建物からは、加賀の審美眼の高さがうかがえる。

　また、クロード・モネの《睡蓮》の連作と共に所蔵品の中核をなすのが加賀夫妻と懇意だった山本爲三郎《ためさぶろう》のコレクション。アサヒビール初代社長であった山本が支援し収集した、民藝運動を代表する河井寛次郎や濱田庄司、バーナード・リーチらの作品が寄贈された。それらは本館で公開されている。

円柱形の建物「地中の宝石箱」に展示されるクロード・モネ《睡蓮》の連作

1

2

☆ ☆ ☆

“地中の宝石箱”に並ぶ モネの連作はなんと常設！

日本でも珍しい、印象派の巨匠クロード・モネの傑作《睡蓮》の連作をはじめ、パリ郊外のジヴェルニーにあるモネの自邸で晩年に描かれた《日本風太鼓橋》などを所蔵。これらは安藤建築の、コンクリート打放しの壁に囲まれた階段が印象的な地中館「地中の宝石箱」で、作品を入れ替えながら常設展示が行われる。

1.地中館の入口につながる、コンクリートの階段。山の景観を損なわないよう展示室は地中に設計　2.階段通路の上部には、四方にガラスがはめ込まれる。目に入る、木々の緑や池に思わず心が和む

2 1

3

☆ ☆ ☆

自然豊かな山中に佇む ロケーションのよさも魅力

若き日の加賀正太郎が欧州へ遊学した際、イギリスのウィンザー城から眺めたテムズ川の流れる景色を再現するため、木津川・宇治川・桂川が合流するこの地に別荘が建てられた。本館大テラスから眼下に広がる三川合流の風景は必見。また約5500坪の庭園は春の桜、初夏の睡蓮、秋の紅葉など、季節によって変わるので、ゆったり散策も楽しみたい。

1.レストハウスとして現在使われているのは、チューダー・ゴシック様式の旧車庫　2.本館2階の大テラスからは開放感あふれるパノラマが広がる　3.旧食堂前のロマンチックなテラス

shop

モネや民藝にちなんだ 文具などがそろう

河井寛次郎
マグネット
各750円

1917（大正6）年頃に完成した本館玄関ホールにあるショップでは、オリジナルグッズや書籍を販売。内装はイギリスの炭鉱夫の家に着想を得てつくられたといわれる。

アサヒグループ大山崎山荘美術館
ミュージアムショップ

㊐㊡アサヒグループ大山崎山荘美術館に準ずる
※利用には入館料が必要

cafe

大パノラマが広がる 特等席のテラス席へ

本館2階にあるテラスと夫妻の元寝室が、今ではケーキやドリンクがゆったり味わえる喫茶室に。川の流れや山並みを見渡せるテラス席もおすすめ。

アサヒグループ大山崎山荘美術館 喫茶室

㊐㊡アサヒグループ大山崎山荘美術館に準ずる
※利用には入館料が必要

CHECK カフェはP.95もチェック

アサヒグループ大山崎山荘美術館　アサヒグループおおやまざきさんそうびじゅつかん

㊟京都府乙訓郡大山崎町銭原5-3　㊍075-957-3123（総合案内）
㊐10:00～17:00（最終入館16:30）　㊡月曜（祝日の場合翌日）
¥ 展覧会により異なる　㊫JR山崎駅または阪急大山崎駅から徒歩約10分 ※無料送迎バスあり

no. 28

神戸市立博物館

神戸・元町

旧居留地を代表する昭和初期の名建築

大正時代から昭和初期にかけて建てられた洋風建築が立ち並ぶ神戸・旧居留地。このエリアを象徴する建物のひとつが、１９３５（昭和10）年竣工の旧横浜正金銀行神戸支店を利用した神戸市立博物館。「昭和初期の名建築」とも呼ばれるこちらは、大正時代に東京・丸の内のオフィスビル街の建設に携わった建築家・桜井小太郎が設計。最後に手掛けた建築物としても知られ、１９９８（平成10）年には登録有形文化財に。

収蔵品は約8万点。太古の昔

重厚感のある柱など特徴的な新古典主義様式の外観が、当時のままの姿で残る

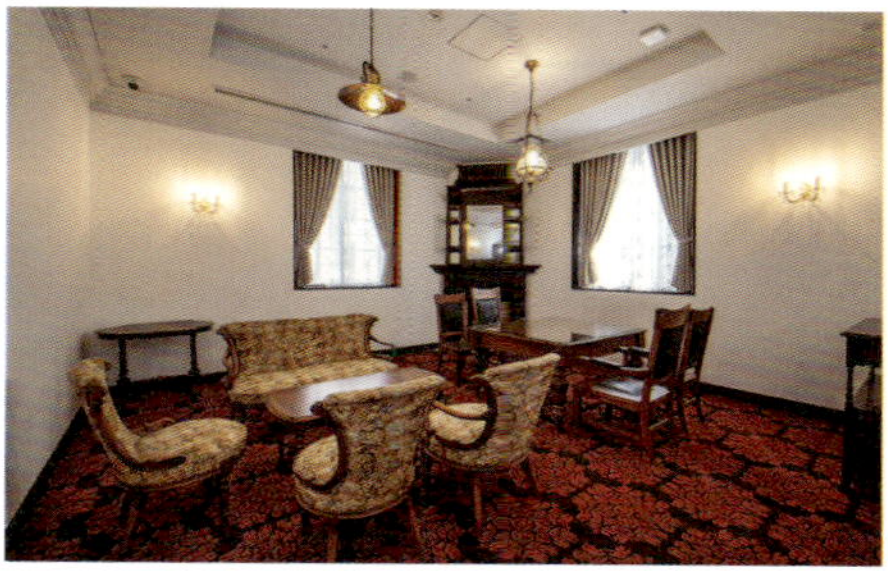

明治時代の異人館「旧トムセン邸」の家具などを使用した特別室

から近現代まで、港を中心にその移り変わりをたどる「神戸の歴史展示室」のほか、神戸市灘区で発見された国宝《桜ヶ丘銅鐸・銅戈群》や重要文化財《聖フランシスコ・ザビエル像》（通常は複製）を展示。建築美を堪能しながら、港町・神戸の未来に思いをめぐらせてみては。

☆ ☆ ☆

ドリス様式の円柱が連なる堂々とした新古典主義様式

日本人初の英国王立建築家協会建築士で、東京・丸の内の旧三菱銀行本店や丸ビル旧館を手掛けたことでも知られる桜井小太郎が設計。外装は御影石が使用され、正面に6本のドリス様式の円柱が連なるギリシャ風の建物は威風堂々とした佇まい。2階吹き抜けのエントランスは旧銀行業務室で、階段は新設されたが格子状の天井と共に当時の姿をとどめている。

1

2

3

重文

／OTAKARA＼

1.銀行時代の営業室であった1階ホール　2.館内には世界地図が描かれた丸いステンドグラスが　3.教科書などにも登場する《聖フランシスコ・ザビエル像》（通常は複製）を展示

shop

神戸の歴史を感じられる意匠を凝らしたグッズが豊富

聖フランシスコ・ザビエルA4クリアファイル300円や五色塚古墳オリジナル野帳500円など

南蛮美術や兵庫県下最大の前方後円墳で知られる五色塚古墳をモチーフにした文房具などを中心にしたグッズがそろう。特別展図録や目録も。

神戸市立博物館 ミュージアムショップ

㊋㊡ 神戸市立博物館に準ずる

神戸市立博物館　こうべしりつはくぶつかん

㊟ 神戸市中央区京町24　㊫ 078-391-0035
㊋ 9:30～17:30（最終入館17:00）、金・土曜～20:00（最終入館19:30）
㊡ 月曜（祝日の場合翌日）
㊎ 展覧会により異なる　※コレクション展示室300円
㊮ JR三ノ宮駅西口から徒歩約10分

レトロな趣の掃き出し窓の外には、桜やツツジ、紅葉といった季節の移ろいが楽しめる庭が広がる

no. 29

滴翠美術館

兵庫・芦屋

阪神間モダニズムの私邸を美術館に

１９００年代初め、現在の大阪市と神戸市の間のエリアを指す阪神間に文化人が移り住み、新たなライフスタイルを築いた。「阪神間モダニズム」と呼ばれたそのカルチャーは建築にも見られ、１９３２（昭和７）年に建てられた旧山口吉郎兵衛住宅もそのひとつ。設計は昭和を代表する近代建築家で、大阪倶楽部などを手掛けた安井武雄。

戦前に大阪財界で活躍した山口吉郎兵衛は、引退後、京焼の茶道具やカルタなどを収集。そのコレクションは、吉郎兵衛の邸宅をその雅号「滴翠」を冠した美術館とし、１９６４（昭和39）年から公開されている。

約２５００点の収集品の中には、本阿弥光悦作と伝わる料紙箱で重要文化財指定の桃山時代の名品も。日本文化の粋を集めた品々と共に、モダニズム建築の美しさを堪能したい。

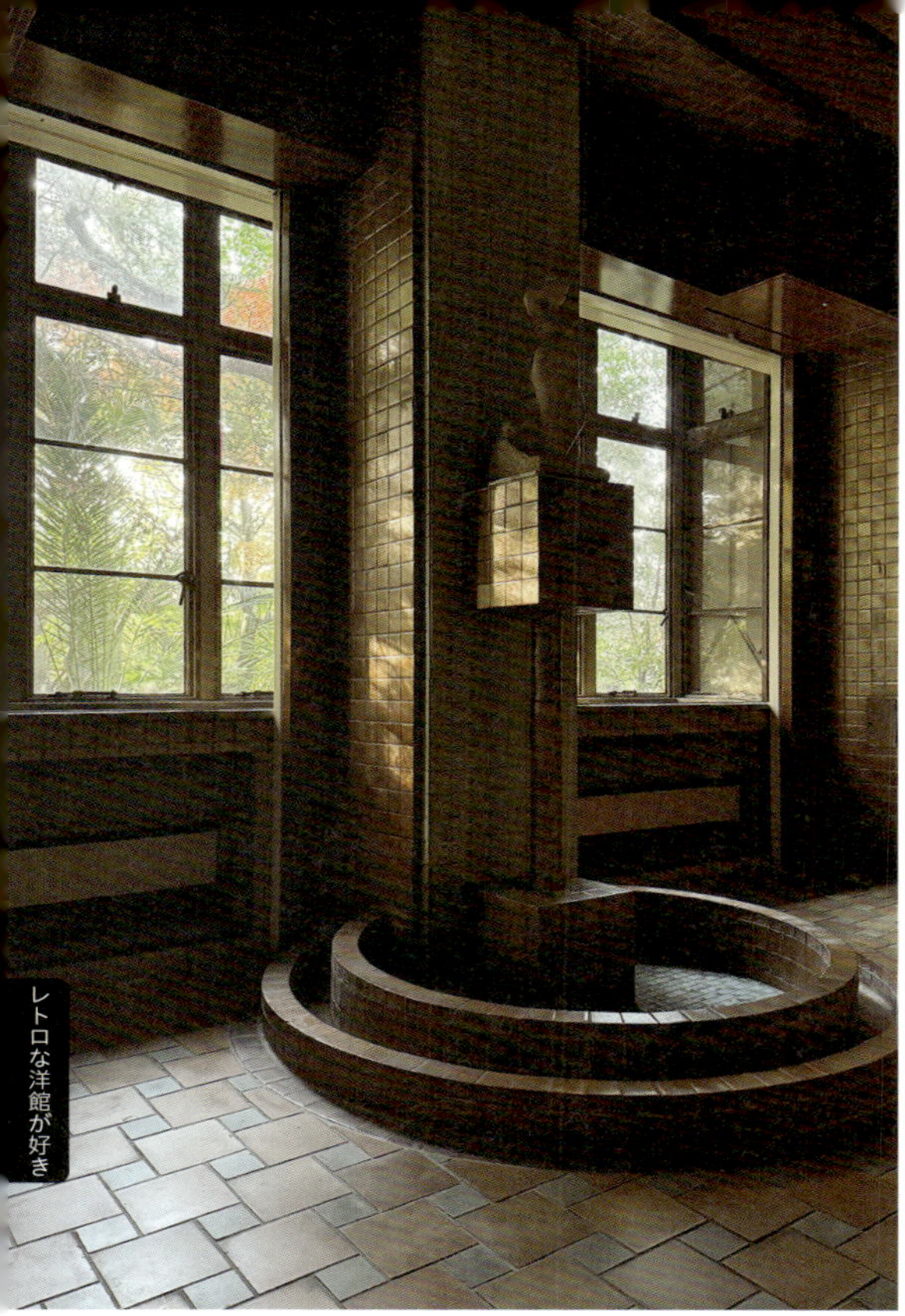

茶席の用意をする空間として造られたタイル張りの水屋。なんと噴水も！

☆☆☆

和洋のテイストを取り入れた 昭和のモダン建築の代表格

社交空間と日常の居住空間とが混在する洋館の大邸宅には、80室を超える部屋があったという。展示室のある3階以外はほぼ当初の姿が残されている。瓦葺きの寄棟造りの屋根やなまこ壁のように瓦を貼り付けた柱など、和風建築の要素も積極的に取り入れられた。関西モダニズム建築20選やひょうごの近代住宅100選にも選定。

思わず見上げてしまう楼閣。通常は非公開

3

2

1

1.網代文様のようなタイルも美しいクラシカルな雰囲気の居室　2.第2展示室の窓を開ければ、兵庫・芦屋の街並みが見渡せるバルコニーへ　3.庭の緑を切り取る1階のガラス張りの扉。少しずつ形や意匠が異なる窓や扉にも注目したい

滴翠美術館　てきすいびじゅつかん

㊟ 兵庫県芦屋市山芦屋町13-3　㊫ 0797-22-2228
㊋ 10:00～16:00（最終入館15:30）　㊡ 月曜、夏季・冬季
㊄ 700円　㊂ 阪急芦屋川駅から徒歩約8分

天窓や2階窓から明るい光が入るかつての営業室

no. 30

京都文化博物館

京都・三条

あの東京駅と同じ建築家が設計

京都の街なか、三条通界隈でひと際目を引く洋風建築は、東京駅も手掛けた建築家・辰野金吾らの設計による旧日本銀行京都支店だ。赤レンガに花崗岩の白線が入った「辰野式」と呼ばれる建築で、現在は京都文化博物館別館として公開。

木製のドアから一歩足を踏み入れれば、かつては銀行業務を行う営業室、今は展覧会やコンサートが行われるメインホールに。吹き抜けの天井から差し込む光が、カウンター上のスクリーンや壁面の装飾、リノリウムの床などを照らし出す。西洋に憧れをいだいた明治時代の建物ならではの華やかさに、思わず目を奪われる。

隣接する本館では多彩な「特別展」のほか、京都の歴史や文化を紹介する「総合展示」や古典・名作映画を上映する「フィルムシアター」などがある。あわせて立ち寄りたい。

\ OTAKARA /

重文

スレートと銅板で覆われた屋根に複数の塔を載せた優雅なデザイン

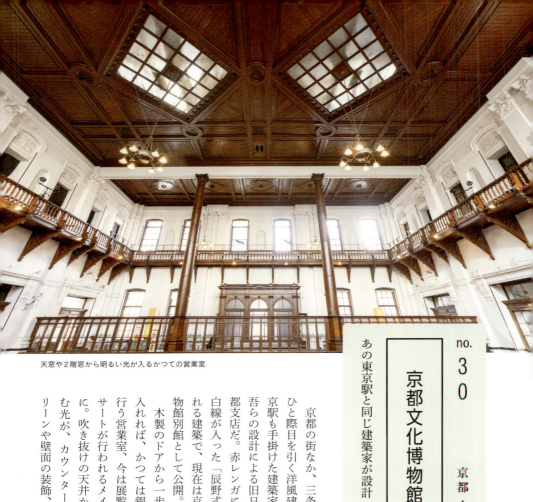

☆ ☆ ☆

赤レンガのレトロ建築は見どころたっぷり

辰野金吾とその弟子・長野宇平治による設計で1906（明治39）年に竣工した旧日本銀行京都支店は現在、国の重要文化財に指定。かつての営業室の天井は板材が幾何学模様を描き、窓の上には繊細な漆喰彫刻がほどこされる。カウンターにはめ込まれたスクリーンも見どころ。中庭に残る旧金庫室がカフェになっているのでそちらもお見逃しなく。

1.2階回廊の扉上には優美な鏝絵（こてえ）が　2.階段の手すりにほどこされた支柱の彫刻。細やかな装飾の美しさに惚れぼれ（通常非公開）　3.別棟の旧金庫室が今ではカフェに。カプチーノソフトのパフェ「伽羅」とコーヒーのセット1230円

shop

京みやげにピッタリな歴史にまつわる品々も

『京都文化博物館 別館 重要文化財建造物 旧日本銀行京都支店の いま・むかし・みらい』1650円

地元書店チェーンと製本会社が運営するショップで、歴史や工芸、映画関連のグッズや書籍がずらり。オリジナルノートや御朱印帳といった紙雑貨が豊富。

ミュージアムショップ Ququl（ククル）

㊊ 080-7078-7222　㊋ 10:00～18:00
㊡ 京都文化博物館に準ずる

CHECK グッズはP.176もチェック

cafe

重要文化財の旧金庫室でほっとひと息

旧金庫室を利用したカフェ。カプチーノソフトやコーヒーゼリーをのせた「伽羅」といったスイーツのほか、パスタなどの軽食も楽しめる。

前田珈琲 文博店

㊊ 075-255-1221
㊋ 10:00～19:00（18:30LO）
㊡ 京都文化博物館に準ずる

CHECK カフェはP.98もチェック

京都文化博物館　きょうとぶんかはくぶつかん

㊤ 京都市中京区高倉通三条上ル東片町623-1　㊊ 075-222-0888　㊋ 別館10:00～19:30（閉館時間変更の場合あり）　総合展示10:00～19:30（最終入場19:00）　特別展10:00～18:00（最終入場17:30）※金曜～19:30（最終入場19:00）
㊡ 月曜（祝日の場合翌日）　㊎ 別館無料（料金が必要となる場合あり）、総合展示500円、特別展は展示により異なる
㊯ 京都市営地下鉄烏丸御池駅5番出口から徒歩約3分、阪急烏丸駅16番出口から徒歩約7分

瓦屋根に南国風のバルコニーと和洋折衷の美しさ

no. ３１

神戸北野美術館

神戸・北野

旧米領事館官舎がアート発信基地に

明治時代の外国人居留地であり、今も洋館が立ち並ぶ神戸・北野異人館街。その一角に建つ神戸北野美術館は、２０２４年11月に4年間の耐震工事を経て、リニューアルオープン。

コロニアル風の洋館は、１８９８（明治31）年にドイツ人の住宅として建てられ、１９５４（昭和29）年から33年間はアメリカ領事館官舎に。その後、アールヌーボー美術の展示館として使われてきた歴史を持つ。現在は、大小5つの部屋と廊下をギャラリーとし、ロートレックやピカソなど有名画家から、神戸・北野ゆかりの現代アート作家まで、幅広い時代やジャンルの作品を展示。今後はフォトスタジオとしての活用も検討中だとか。

明治以来、山や海に反射する自然光が美しいと芸術家に愛されてきた北野。この地で始まったアート発信に注目を。

暖炉のある部屋は3部屋。そのうち食堂と応接間の暖炉のタイルは、今回の改修工事で建物ができた当時のものが復活

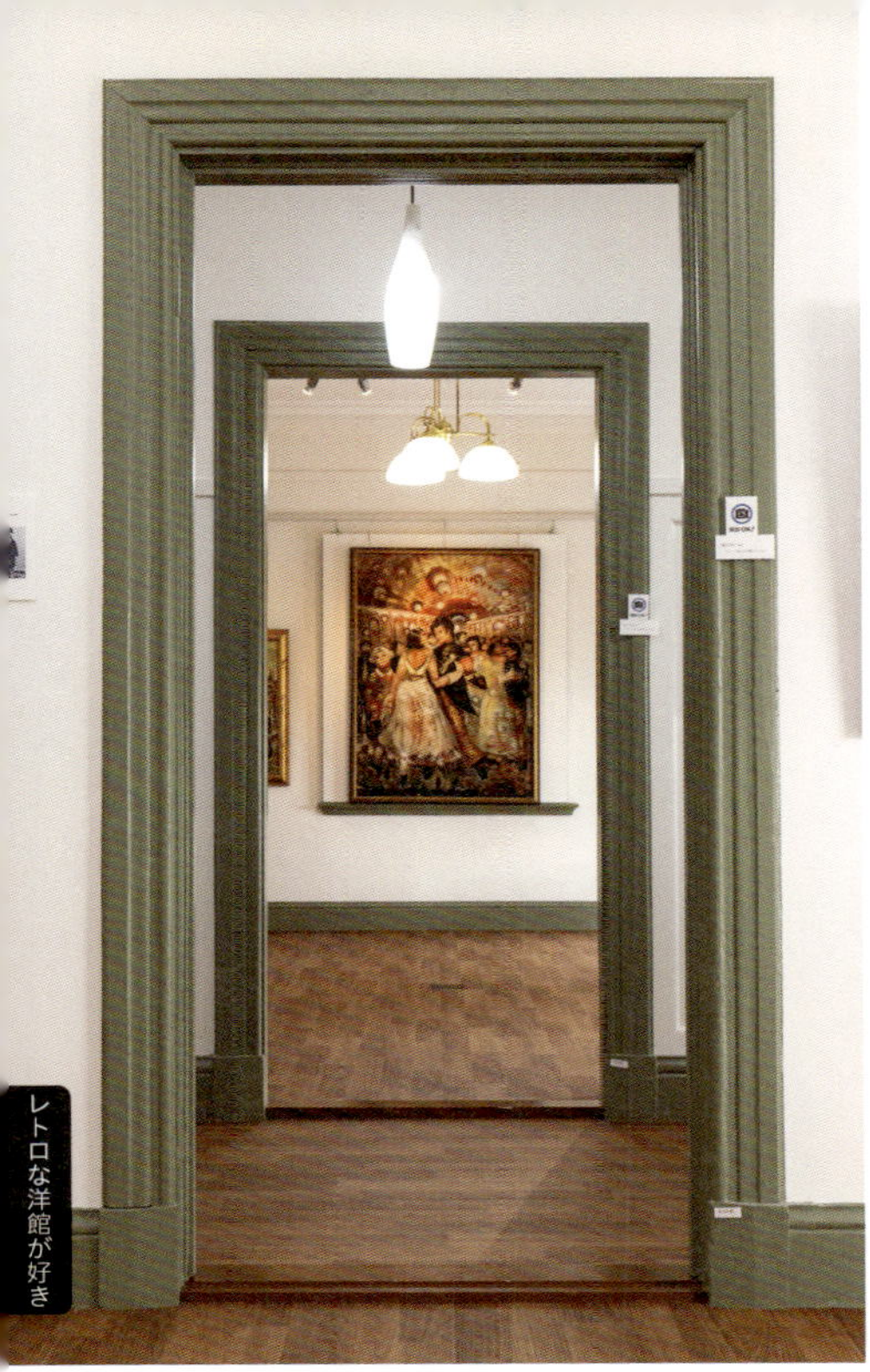

3

☆ ☆ ☆

アートもカフェも絶景も一度に楽しめて大満足！

神戸の街並みと海が一望できる高台に建つこの美術館。なんでもアメリカ領事館官舎の時代は屋内から港の船の出入りを見張り、自国の船が入港するとすぐに駆けつけていたんだそう。そんな歴史に思いを馳せつつ、庭先にあるテラス席に座るのがおすすめ。隣接するカフェのドリンク片手に目の前に広がる異国情緒あふれる景色を眺めたり、撮影に没頭したりしてみて。

1

2

1.北野通りに面した階段を上がり玄関へ。同館はこのエリアでは珍しい平屋建て　2.パリ・モンマルトル地区と友好提携を結んだ際の記念品なども展示　3.漆喰の真っ白な壁に映えるグリーンの枠取りが美しい

shop

若手アーティストのグッズには人気の「フェルメール猫」も

画家・山田貴裕氏などの若手のアーティストのグッズをはじめ、モンマルトル地区に関連するポストカードや神戸オリーブ園にまつわるアイテムなどを販売。

山田貴裕
マイクロファイバーミニタオル1650円

神戸北野美術館 ミュージアムショップ

㊋㊡ 神戸北野美術館に準ずる

cafe

白を基調にした店内もアートギャラリーに

元は使用人の部屋だった棟をカフェに改装。神戸北野美術館の企画展に連動したアート作品を展示しているので、お茶を飲みながらゆったり鑑賞もできる。

KITANO CREDO（キタノクレイド）

㊋ 10:00～18:00（17:30 LO）　㊡ 不定休

神戸北野美術館　こうべきたのびじゅつかん

㊟ 神戸市中央区北野町2-9-6　㊝ 078-251-0581
㊋ 9:30～17:30（最終入館17:00）　㊡ 不定休
¥ 500円　㊇ JR・神戸市営地下鉄新神戸駅南出口から徒歩約10分

MUSEUM COLUMN 4

ミュージアムでディナーを

アートファンならずとも行く価値あり！美術館閉館後も人が集うディナースポットを紹介。料理はもちろん、アートを感じる内装も見どころ。

DINNER MENU
14:00 ～ 21:00
(LAST ENTRY19:30)

国産サーロインステーキ180g オニオングレイビーソース温野菜添え4950円

自家製のパテ・ド・カンパーニュ1210円

見た目も楽しめる名匠の彩りフレンチ

ミュゼカラト

◆大阪中之島美術館

CHECK ☞ P.64

コンセプトに〝野菜の美食〟を掲げる、唐《から》渡《と》泰《やすし》シェフによるカフェレストラン。注目は美術館とのコラボメニューなど、味はもちろんビジュアルでも感性を刺激する旬野菜たっぷりの色彩豊かなフレンチ。オープンキッチンを備えた開放的な店内で、ソムリエ厳選のワインと共に味わいたい。

モダンな建築でも話題の大阪中之島美術館の１階にあり、多くの人でにぎわう

店内にはアートを意識した壁面のディスプレイも

予約制の穴場イタリアン

DINNER TIME
18:00 ～ 21:30
※予約制

trattoria en

◆細見美術館

CHECK ☞ P.86

美術館の地下２階に佇む隠れ家的な店「CAFÉ CUBE」が、予約制で夜はトラットリアとして営業。アミューズからメイン、ドルチェまで、本格コースを堪能して。

地元住民にも親しまれる

シェフのおまかせコース5000円

夜桜や紅葉の季節に訪れたい

DINNER TIME
17:30 ～ 21:00
(22:00LO)

マルゲリータS1650円

レストラン NOANOA

◆白沙村荘 橋本関雪記念館

CHECK ☞ P.106

京都イタリアンの草分け的存在として約50年前にオープン。日本画家・橋本関雪が建てた風情漂う洋館の佇まいも創業以来の人気で、ガーデン席がおすすめ。

太い梁がアクセント

①

気になるテーマ別

この美術館に行きたい！

KANSAI MUSEUM GUIDE

LET'S GO TO SPECIAL MUSEUM

☆ ☆ ☆

秘密の庭園へ。

緑の木々を渡る風、澄んだ水面やせせらぎの音。
難しい理屈は抜きで、眺めるだけでも幸せな
アートなお庭、こっそり教えます。

no.32 奈良・奈良公園

依水園・寧楽美術館

実業家に愛された絶景庭園と美の品々

1975（昭和50）年に国の名勝に指定された依水園。敷地内には江戸前期に奈良晒《さらし》の商人・清須美道清《きよすみどうせい》が造った「前園」と、明治後期に実業家で趣味人でもあった関藤次郎《せきとうじろう》が造った「後園」の2つの池泉回遊式庭園があり、共に文人墨客を招いた茶室が残るなど往時の面影を伝えている。何よりの見どころは、東大寺南大門をも借景に捉える「後園」の景観。築山から連なるかのような若草山や春日の奥山、三笠山の稜線を望む唯一無二のロケーションを誇り、

水面に木々の表情が映り込み、詩情あふれる「後園」。正面左奥に見えるのは東大寺南大門。地形の高低差を生かした小さな滝もある

庭園の植物と自然の山々が織りなす豊かな色彩は、訪れる者を魅了してやまない。

戦後、この庭園に溶け込むような緩やかな大和屋根を模した寧楽美術館を新設。昭和に入り依水園を引き継いだ実業家・中《なか》村準策《むらじゅんさく》による、東洋古美術のコレクションを展示している。

膨らみのある優しい曲線を描く、むくりの屋根が特徴の寧楽美術館

☆☆☆

三代にわたり集めた 中国・朝鮮・日本の美術工芸品

1969（昭和44）年築の寧楽美術館には、海運業で財を築き依水園を引き継いだ神戸の実業家・中村準策とその子、孫が収集した約3000点を収蔵。その中から金属器や古印といった中国の古美術、韓国陶磁や日本の茶道具・書画などが披露されている。春秋には江戸時代の南画家・田《た》能《の》村竹田《むらちくでん》筆《亦復一楽帖《またまたいちらくじょう》》（重要文化財）を一図ずつ公開。それを楽しみに毎年訪れる人も。

1.鮮やかな藍色が目を引く七宝焼の壺。葡萄にリスは繁栄と多産を象徴する吉祥文　2.谷川に紅白の躑躅（つつじ）、中央に満開の椿の根元を配した大胆な構図は琳派の流れをくむ絵師ならでは　3.江戸後期の京焼の名陶工が彫りだした愛らしい瞳と毛並み　4.蓋の宝珠形のつまみが可憐な高麗青磁の小壺　5.長州藩の毛利家伝来の茶碗。木の椀を薄い金の板で包み込み、かしめて生まれたフォルム

1

《七宝葡萄栗鼠文獣面座双耳壺》　中国・明時代

2

鈴木其一《椿に躑躅図屏風》　江戸時代 19世紀

5

《黄金茶碗》毛利家伝来　桃山時代 16世紀

4

《青磁象嵌菊花文盒子》　朝鮮・高麗時代

3

仁阿弥道八《色絵猿置物》
江戸時代 19世紀

1

2

1.氷心亭は茶道に熱く心を寄せた関藤次郎が建築。天井板には新薬師寺から譲り受けた天平古材が使われている。毎年2月には通常非公開の茶室等の特別公開も行われる　2.最中と干菓子が付くお抹茶セットは1300円

☆ ☆ ☆

自然美あふれる庭を愛で
茶室で抹茶とお菓子を

茶道を広める目的もあって、明治期に増築されたという後園。裏千家の茶室・又隠《ゆういん》を写した清秀庵《せいしゅうあん》の露地を抜けると視界が一気に広がり、遠くの山々まで見渡せる壮観な景色に思わず息をのむ。ぜひ立ち寄りたいのは、抹茶をいただける書院造りの茶室・氷心亭《ひょうしんてい》。窓越しに繊細なゆらぎを湛える吹きガラスの風情も楽しみながら、景勝にひたりたい。

✓ exhibition

依水園のひなまつり

毎年2月初めから約1カ月間、依水園ゆかりの豪華な雛人形を主屋で公開。明治末に京都の丸平大木人形店が宮中の「曲水の宴」を再現した平飾りのお雛様をはじめ、稚児雛なども並ぶさまは壮観。

restaurant

前園を鑑賞しながら
憩いのひとときを過ごして

前園内にある茅葺きの「三秀亭」は江戸時代前期に移築された建物。ここでうなとろ御膳などの食事のほか、ぜんざいや抹茶、コーヒーなども味わえる。

食事処 三秀（さんしゅう）

㊔0742-25-0781　㊐10:30～15:30
（食事は11:30～、14:00LO）
㊡依水園に準ずる

依水園・寧楽美術館

いすいえん・ねいらくびじゅつかん

㊟奈良市水門町74　㊔0742-25-0781
㊐9:30-16:30（最終入園16:00）　㊡火曜（祝日の場合翌平日）、庭園整備期間9月下旬・12月末～1月中旬
※12月末～4月初旬は美術館休館、2月初旬～3月初旬は本館主屋で「依水園のひなまつり」を開催
¥1200円（依水園入園料含む）
㊋近鉄奈良駅東側出口から徒歩約15分

CHECK グッズはP.176もチェック

ロビーのガラス壁の向こうに広がる緑と水の庭

no.33

兵庫・西宮

西宮市 大谷記念美術館

せせらぎに誘われ元お屋敷の庭に憩う

松の立派な枝ぶりが印象的な入口。庭園散策路には建物を通らずとも進める

歴史ある閑静な住宅地・香櫨《こうろ》園《えん》に立つ端正な佇まいの美術館。実業家・大谷竹次郎の私邸と近代絵画コレクションの寄贈を受け、１９７２（昭和47）年に開館した。

コレクション展や企画展に加え、この美術館ならではの醍醐味が和風庭園の散策だ。巨岩の間を流れ落ちる滝の水は小川を経て、陽光に輝く大池へ。季節の花々や草木たち、鳥の声と相まって、ここを歩くと生々流転の小宇宙を感じられる。うれしいのはこの庭、受付なし＆無料で自由に散策できること。岡本太郎や元永定正《もとながさだまさ》など現代アートの巨匠のオブジェと、ひょっこり出合えるのも楽しい。

ロビーのスツールに腰掛け、ガラス越しに眺めるのもまたよし。つい時を忘れてしまいそう。アート体験と自然観賞、２つに癒され元気になれる美術館だ。

2

3

1

☆ ☆ ☆

四季を通して楽しめる花々 野鳥との出会いや水琴窟も

大きく枝をのばす松の木々を背景にして、水が滔々《とうとう》と流れる明るい庭。巨岩や石灯籠がゆったり置かれ、春の梅に桜、夏の紫陽花《あじさい》にサルスベリ、秋は紅葉、冬は山《さ》茶花《ざんか》、蝋梅《ろうばい》と、季節の彩りも絶えない。木々や水辺で羽を休めるメジロやヒヨドリ、カモなど野鳥たちとの出会いにも心癒される。水琴窟《すいきんくつ》の音色や常設の彫刻作品もじっくり味わおう。

1.大谷竹次郎が集めた赤石や青石の間を流れる滝と小川　2.1月の蝋梅に始まり、四季折々の花が咲く　3.水琴窟が澄んだ音を響かせる

1
2

1.絨毯敷きに落ち着く展示室。上村松園、川合玉堂、橋本雅邦といった近代日本画家の優品も多数所蔵
2.イラストレーションの今を伝える「イタリア・ボローニャ国際絵本原画展」は親子連れにも人気

☆ ☆ ☆

阪神間ゆかりの作品が充実 恒例の絵本原画展も見逃せない

近代日本画、日本やフランスの近代洋画といった大谷竹次郎のコレクションに、阪神間に縁の深いアーティストの作品も加わり、収蔵点数は1300点以上。館蔵品展のほか、世界のアートの今を伝える企画展の切り口も興味深い。1978年から続く毎年恒例の「イタリア・ボローニャ国際絵本原画展」は大人気。世界を代表する絵本原画コンクールの入選作品が見られる。

西宮市大谷記念美術館　にしのみやしおおたにきねんびじゅつかん

㊟ 兵庫県西宮市中浜町4-38　電 0798-33-0164
時 10:00～17:00（最終入館16:30）　休 水曜（祝日の場合翌日）
¥ 展覧会により異なる　交 阪神香櫨園駅から徒歩約6分

2階エントランスホールからの「四君子苑」の眺めは屏風絵のよう

テーマを持った茶会のように、選び抜かれた逸品が展示される

no. 34

北村美術館

京都・出町柳

山紫水明の地で味わう茶の湯ワールド

賀茂川と高野川の合流点の南西、山紫水明と称えられた地に実業家で稀代の茶人、北村謹次郎はその美意識を注いで「四《し》君《くん》子《し》苑《えん》」を造営。１９７７（昭和52）年、集めた茶道具などを収蔵するため、その一角に開設されたのが北村美術館だ。春と秋に3カ月ずつ公開している。

その公開期間中、四君子苑の数寄屋建築と庭を鑑賞できる数日間が設けられる。優美さがしっとり満ちわたるしつらい。飛鳥時代の石棺の蓋や鎌倉時代の石灯籠が何げなく、けれど吟味し尽くされた必然をもって草木と共にある庭は感動的で、ずっと眺めていたくなる。

茶道美術館の先駆けとして知られる美術館ではテーマを設定し、茶会を再現するように茶道具が凜と並ぶ。そのスタイルにコアなファンも少なくない。唯一無二の美的体験をぜひ。

3

2

\ OTAKARA /

重 文

1

☆ ☆ ☆

数寄屋建築と石造美術が 堪能できる「四君子苑」

頭文字が「きたむら」と読める四君子＝菊・竹・梅《むめ》・蘭の持つ品格への憧れを込めて命名された「四君子苑」。ここは国の重要文化財を含む石造美術の宝庫で、庭の石一つひとつに北村の審美眼が注がれている。数寄屋造りの建物は1944年に竣工。進駐軍の接収で荒れ果てた母屋は1963年に改築された。表門や離れ茶席など各所が国の登録有形文化財。

1.重要文化財の宝篋印塔は鎌倉時代の禅僧・道元建立の供養塔　2.広間「看大」席縁側の花頭窓。右側の四方仏手水鉢は鎌倉時代作　3.隙なく意匠を凝らした延段（石敷きの通路）

3

《古染付高砂手花入》景徳鎮窯　重要文化財

\ OTAKARA /

重 文

1

仁清《色絵鱗波文茶碗》
本多・三井家伝来　重要文化財

2

中興名物《瀬戸金華山窯茶入》
廣澤手本歌　小堀遠州箱
酒井家伝来

1.17世紀の陶工、野々村仁清ならではの絵付け技法と卓越のデザイン性が見どころ　2.釉薬の景色を、京都・嵯峨の広沢池に映る月に見立てたという美しい茶入　3.明時代の中国景徳鎮で作られた古染付の花入。魚の双耳がキュート

北村美術館　きたむらびじゅつかん

㊟ 京都市上京区河原町今出川南一筋目東入梶井町448
㊂ 075-256-0637　㊕ 10:00～16:30（最終入館16:00）
㊡ 会期中の月曜（祝日の場合翌日）　¥ 600円
交 京阪出町柳駅3番出口から徒歩約5分、
京都市営地下鉄今出川駅3番出口から徒歩約18分
※春季（3月上旬～6月上旬）・秋季（9月中旬～12月中旬）の「取合展」時のみ開館。期間・時間・料金は公式サイト参照

☆ ☆ ☆

傑出した茶人が見いだした 名品づくしの茶道具の数々

国の重要文化財34点、重要美術品9点を含む1000点近い収蔵品。ジャンルは書画、茶碗をはじめとする陶磁器、彫刻、染織など多岐にわたる。いずれも傑出の茶人・北村謹次郎が日本・中国・朝鮮・東南アジア・ヨーロッパなど世界の骨董美術から見いだし集めた品々。春と秋の取合展《とりあわせてん》ではどんなテーマのもとでどんな組み合わせが展開されるのかも楽しもう。

MUSEUM COLUMN 5

ほかにも注目の庭園あります

関西には庭園も素晴らしい美術館が少なくない。なかでも実業家や美術家の元お屋敷や敷地跡に建つ館の庭は、その美意識がこめられた小宇宙のよう。

大文字山を背にした理想郷

画家が造った池泉回遊式庭園

白沙村荘 橋本関雪記念館

京都

日本画家・橋本関雪が造営した白沙村荘。その広大な池泉回遊式庭園の中に建つ美術館2階から、大文字山と庭が融け合う絶景が望める。庭には関雪が集めた数多の石仏も佇む。

CHECK P.106

大阪都心に広がるオアシス

多宝塔の立つ庭園

藤田美術館

大阪

近代大阪を代表する実業家・藤田傳三郎のコレクションが見られる美術館。多宝塔が美しい庭園は、隣接する藤田邸跡公園と一体化した空間。窓からの眺めがことのほかフォトジェニック！

CHECK P.76

池畔の桜も見事

館を彩る自然の額縁

大和文華館

奈良

近鉄創業50周年を記念して開かれた美術館は、自然林のような趣の庭・文華苑に囲まれている。福島県の「三春瀧桜」を親木にしたベニシダレザクラをはじめ四季折々の花も見どころ。

CHECK P.82

東山と調和する中庭

泉屋博古館

京都

かつての住友家の一角に建てられた同家のコレクションを公開する美術館。2つの展示館の間にある中庭は東山を見事な借景にし、すっと穏やかな心地を誘う。作庭は十一代小川治兵衛。

快い開放感

CHECK P.46

アーチの先にある美しい森

天王山の南麓に開かれたガーデン

アサヒグループ大山崎山荘美術館

京都

関西の実業家・加賀正太郎が大正〜昭和期に建てた元別荘には、約5500坪もの庭が広がる。英国風山荘のアーチをくぐれば、蓮池の周りに木々が繁る森のような空間が。

CHECK P.112

①

気になるテーマ別

この美術館に行きたい！

KANSAI MUSEUM GUIDE

LET'S GO TO SPECIAL MUSEUM

EXPO'70の記憶を辿って。

1970年、日本初の国際博覧会が開かれた大阪。
当時の夢と技術が詰まった施設を巡れば、
今も輝くレジェンドの目撃者になれる。

no. 35

大阪・吹田

太陽の塔

今なお愛され続ける「ベラボー」な塔

頂部の「黄金の顔」、正面の「太陽の顔」、背面の「黒い太陽」はそれぞれ未来、現在、過去を象徴する

1970（昭和45）年の日本万国博覧会に際し、岡本太郎が「ベラボーなものをつくる」と生み出した太陽の塔。多くの来館者に感動を与えたのち、塔内部は非公開となったが再生事業を経て2018（平成30）年に一般公開。行方不明の第4の顔「地底の太陽」は復元、プロジェクションマッピングで当時の展示の様子などが投影される。「生命の樹」では最新の照明技術により、壁が脈打つよう。芸術家・岡本太郎が表現した世界観を堪能しよう。

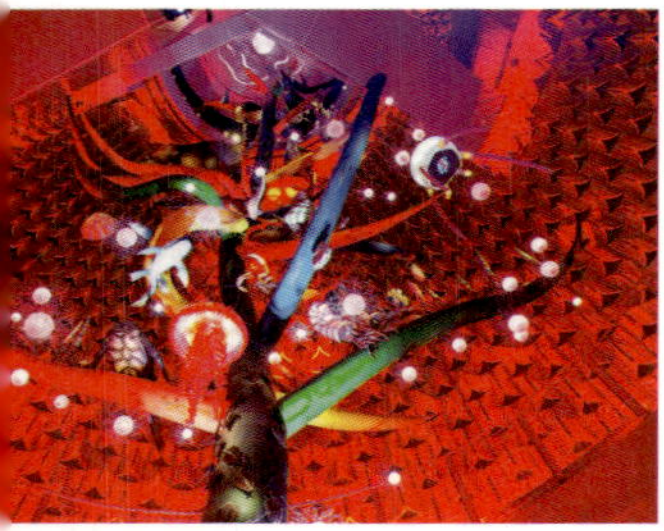

塔内部の鉄鋼製の「生命の樹」には183体の生物模型が取り付けられている

☆☆☆

太陽の塔の血流を表現 生命の進化の過程をたどる！

太陽の塔の真っ赤な胎内にそびえる、高さ約41mの「生命の樹」。地下から頂上まで階段を上りながら鑑賞できる。樹の根元の原生生物から頂上付近の哺乳類まで、33種の模型を用いて生命の進化の過程を表現した作品は見応えたっぷり。塔内には当時と同じ「生命の讃歌」が響く。

shop

塔内にあるミュージアムショップでは、限定商品も含め、太陽の塔をモチーフにしたかわいいアイテムが目白押し。

CHECK グッズはP.176もチェック

太陽の塔　たいようのとう

㊟ 大阪府吹田市千里万博公園 自然文化圏内　㊖ 0120-1970-89
㊍ 10:00～17:00（最終入館16:30）　㊡ 水曜（万博記念公園に準ずる）
㊎ 720円（事前予約制、入園料別途260円）
㊌ 大阪モノレール万博記念公園駅から徒歩約10分

写真提供：大阪府

no.36

EXPO'70パビリオン

大阪・吹田

大阪万博の熱気が体感できる記念館

日本万国博覧会の記念館として2010（平成22）年に開館。大阪万博当時の出展施設「鉄鋼館」を再活用した館内では、太陽の塔をデザインした岡本太郎の作品や、未公開の資料、写真、映像など、約3000点もの万博の遺産を公開している。

2023年には本館の隣に別館が増設され、大阪万博当時に設置されていた初代の「黄金の顔」や、パビリオンでホステスが着用したユニホームなどを展示。6420万人以上が訪れ大盛況だった大阪万博の熱気が体感できる記念館だ。

ホール全体を覆う音楽とレーザー光線によるショーが人気を集めた「スペースシアター」

本館と別館の間にある中庭は大阪万博の巨大ロゴや大屋根の模型などがあり、フォトスポットにも

太陽の塔の頂部にあった「黄金の顔」。直径10.6mの顔を間近で見るとパーツが一枚一枚精巧に組み合わされていることに気付く

☆☆☆

当時のままの姿を残す 音楽と光が織りなすショー

本館の中心部には、旧鉄鋼館のテーマ「鉄の歌」をもとに造られた「スペースシアター」がそのままの姿で残されている。ホールには当時最新の音響・照明技術が導入され、1008個ものスピーカーから流れる音楽とレーザー光線による未来的な演出で人々を魅了した。現在はガラス越しに鑑賞することができる。

EXPO'70パビリオン　エキスポななじゅうパビリオン

㊟ 大阪府吹田市千里万博公園 自然文化園内　㊆ 06-6877-7387
㊐ 10:00～17:00（最終入館16:30）　㊡ 水曜（万博記念公園に準ずる）
¥ 500円（入園料別途260円）
㊫ 大阪モノレール公園東口駅から徒歩約12分、大阪モノレール万博記念公園駅から徒歩約15分

写真提供：大阪府

多様な民族から成る南アジアの展示。衣装などにその特色が表れ、ひときわ鮮やか

no. 37

国立民族学博物館

大阪・吹田

民族学研究の一大拠点で「世界旅行」

万博記念公園のほぼ中央に位置する国立民族学博物館(通称・みんぱく)は、世界全域をカバーする民族学・文化人類学の研究機関が持つ世界最大の民族学博物館。研究者が世界各地で収集した約34万6000点の資料を所蔵、うち約1万2000点を展示公開している。

そのスケールの大きさ、そして人類文化の多様さを実感できるのが、本館の地域展示だ。オセアニアを皮切りに、アメリカ、ヨーロッパ、アフリカ、アジア各地域、日本へと東回りに世界を一周しながら、衣食住の生活用品などを通して人々の暮らしを展望。いつしか海外旅行をしているような心地になる。

ほかに、言語や音楽に特化した通文化展示や、約800本の映像番組を視聴できるコーナーもあり、さまざまな角度から民族学を楽しめる内容だ。

モンゴルの遊牧民が暮らす移動式住居・ゲルの展示。屋内のしつらいまで細かく再現し、暮らしぶりを伝えている

☆ ☆ ☆

研究者がつくり上げる 没入感たっぷりの展示空間

この博物館では研究者たちが自ら企画・運営に携わり、通りいっぺんに収集品を並べるのではなく、地域の特色や歴史を反映した没入感たっぷりの展示を実現している。例えば再現された現代の伝統家屋の中に入れたり、珍しい民族楽器に触れられたりと、疑似体験が味わえる展示も多数。現地の人々や研究者と対話するような感覚で異文化交流を深めたい。

1

2

4

3

3.西アジアの展示で目を引く「キスワ」は、'70大阪万博の際、サウジアラビア政府から寄贈されたもの。黒い布に金糸でイスラームの聖典『コーラン』の章句を刺繍　4.建築家の黒川紀章が設計し、1977（昭和52）年に竣工したモダン建築も見どころのひとつ。特別展示館ではユニークな切り口の展覧会も

1.フィリピンの街中を走る乗り合いバスのジープニーをはじめ、東南アジア独特の乗り物文化を紹介　2.正門近くには北アメリカの先住民が手掛けたトーテムポールが。写真は2020年に制作された1基で、高さ約10m

☆ ☆ ☆

違いを超えてつながる「祈り」のかたち

民族学の世界旅行から見えてくるのは、文化の多様性と共通性。人類の普遍的な営みである「祈り」もそうだ。歴史や宗教観などの違いから表現の仕方はさまざまだが、突き詰めると平和や幸福を願う気持ちは同じなのだと気付かされる。お互いの違いを理解し、共通点を見いだす——。それが平和な世界を実現するための、第一歩なのかもしれない。

3 2

1.ルーマニアのサプンツァ村では村人の生前の姿を絵と物語で描いた「陽気な墓」を立てる風習がある　2.アフリカ・モザンビークで内戦終結後に回収された武器を用いた《いのちの輪だち》は、平和の祈りを込めたアート作品　3.アフリカで男性の成人儀礼や死者の葬儀の際に使われる仮面の数々。森の精霊や死者の霊などを表している

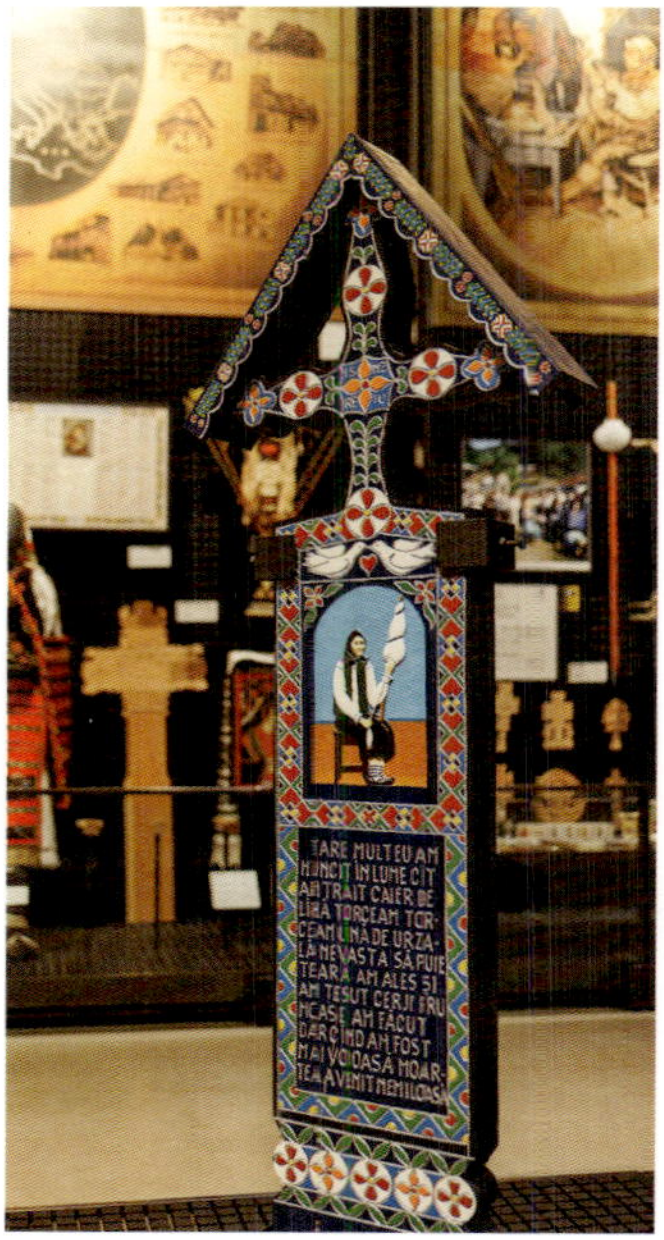

1

shop

まるで海外の蚤の市のような
異国情緒漂うバザール空間

世界各地の工芸品や生活雑貨、博物館にちなんだオリジナルグッズなど、心ときめくラインナップがにぎやかに並ぶ。博物館チケットがなくても自由に出入りできる。

トーテムポール
エコバッグ880円

世界のあいさつ
マスキングテープ
509円

国立民族学博物館
ミュージアム・ショップ

㊣ 06-6876-3112 ㊔ 10:00～17:00
㊡ 国立民族学博物館に準ずる

CHECK ☞ **グッズはP.176もチェック**

restaurant

広大な館内めぐりのあとは
洋食でチャージ

本館1階のレストランでは、自家製生パスタやハンバーグ、オムライスなどにサラダ・スープが付くセットメニューが豊富。カフェ利用ももちろんOKだ。

森の洋食 グリルみんぱく

㊣ 06-6310-0810
㊔ 11:00～16:30（16:00LO）
㊡ 国立民族学博物館に準ずる

国立民族学博物館　こくりつみんぞくがくはくぶつかん

㊟ 大阪府吹田市千里万博公園10-1 ㊣ 06-6876-2151
㊔ 10:00～17:00（最終入館16:30） ㊡ 水曜（祝日の場合翌平日）
¥ 580円　※2025年6月19日から780円　※特別展は展覧会により異なる
㊇ 大阪モノレール万博記念公園駅または公園東口駅から徒歩約15分

no. 38

大阪・吹田

大阪日本民芸館

万博ゆかりの民藝専門ミュージアム

１９７０（昭和45年）年の大阪万博で、関西財界有志と東京・駒場の日本民藝館が出展したパビリオン「日本民藝館」の建物と作品の一部を引き継ぎ、１９７２年に開館した民藝専門のミュージアム。手仕事で生み出された生活用具の美に注目し柳宗悦《やなぎむねよし》が始動した「民藝運動」。この「民藝運動」の西の拠点として、陶磁器、染織品、木漆工品、編組品《へんそひん》など、国内外の民藝品の収集が続けられた。展示は年2回の特別展のテーマごとに入れ替わり、訪れる度に新たな民藝の世界に触れられる。

2

3

1

1. 大阪万博の展示館を引き継いだ、鉄筋造りのモダンな建築　2. 回廊式の広々とした展示室
3. 自然石を敷き詰めた趣あるミュージアムショップは「もうひとつの展示室」で、現代の民藝の品々が購入できる

shop

民藝運動ゆかりの産地や、その流れをくむ作り手による、暮らしに役立つ工芸品をセレクト。柳宗悦の著書をはじめ、民藝関連の書籍も多数取りそろえる。入場無料。

㊋ 10:00～17:00　㊡ 大阪日本民芸館に準ずる

大阪日本民芸館　おおさかにほんみんげいかん

(住) 大阪府吹田市千里万博公園10-5　(電) 06-6877-1971
(時) 10:00～17:00（最終入館16:30）
(休) 水曜（祝日の場合翌日）　(¥) 710円
(交) 大阪モノレール万博記念公園駅から徒歩約15分

☆ ☆ ☆

時代を超えて慈しまれる〝用の美〟をコレクション

コレクションには、江戸期以降の暮らしの道具や、大阪万博に向けて制作・収集された諸工芸品のほか、陶芸家の濱田庄司をはじめ民藝運動の草創期を担った作家たちの作品も多数。さらに、濱田らに師事した世代の作品、公募展受賞作も加わり、充実度がどんどん増している。

高さ300mを誇る超高層複合ビルとして2014（平成26）年、大阪・天王寺に誕生した「あべのハルカス」。16階にある美術館は、誰もが気軽に芸術・文化を楽しめる「都市型美術館」を目指す。インパクト大の展示とわかりやすい解説が、ビギナーにも親しみやすく大人気に。

MUSEUM COLUMN 6

話題の企画展あります

学芸員が趣向を凝らして開く企画展も、美術館を訪ねる楽しみ。なかでも多彩な切り口の展覧会を繰り出す、都市型美術館に注目！

天空の美術館に行こう！

世界の至宝から浮世絵、現代美術にサブカルチャーまで！アートが身近になる切り口

コシノジュンコ　原点から現点

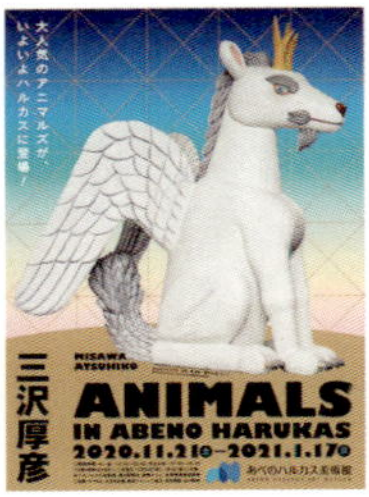

三沢厚彦
ANIMALS IN ABENO HARUKAS

広重　―摺（すり）の極（きわみ）―

リヒテンシュタイン侯爵家の至宝展

北斎　―富士を超えて―

円空―旅して、彫って、祈って―

驚異の超絶技巧！
明治工芸から現代アートへ

常設展はなく、展覧会はあらゆる国・時代の美術を対象とし自由な発想で開催される。大胆なビジュアルのポスターも毎回、話題になっている

駅直上！
1日中楽しめるビル

あべのハルカス美術館

あべのハルカスびじゅつかん

㊟ 大阪市阿倍野区阿倍野筋1-1-43 あべのハルカス16階　㊂ 06-4399-9050
㊗ 10:00～20:00（最終入館19:30）、月・土・日曜・祝日～18:00（最終入館17:30）
㊡ 一部の月曜　¥ 展覧会により異なる
㊫ 近鉄大阪阿部野橋駅、JR・Osaka Metro天王寺駅から徒歩すぐ

CHECK グッズはP.176

ビルのそばには天王寺公園「てんしば」が広がる

①

気になるテーマ別
この美術館に行きたい！

KANSAI MUSEUM GUIDE
LET'S GO TO SPECIAL MUSEUM

☆ ☆ ☆

ほとけ様に胸キュン。

関西といえばやっぱり外せないのが仏教アート。
名品揃いのミュージアムでじっくりと、
古の文化に浸るもよし、推し仏を探すも楽し。

no.３９

奈良国立博物館

奈良・奈良公園

国内屈指の仏像展示館。建物も魅力的

鹿がのんびり行き交う奈良公園内に佇む、歴史ある博物館。その中核を担う「仏像館」は、飛鳥時代から鎌倉時代までの日本の仏像彫刻を軸に、約１００体もの仏像を常設。多くの仏像ファンが訪れる、質・量とも国内屈指の展示だ。エレガントなレリーフ装飾などが見られる建物はルネサンス様式で、１８９５

\ OTAKARA /

重文

きりっとしつつ優しい表情をたたえるのは、鎌倉時代を代表する仏師、快慶の作。かつて60年ごとに行われていた法会、迎講（むかえこう）では法衣を着せ、車にのせて練り歩いた

快慶《阿弥陀如来立像》
鎌倉時代　兵庫・浄土寺蔵
重要文化財

フレンチルネサンス様式の優美な姿が目を引く「仏像館」。現在はもとの裏側が入口に

6本の手に蓮の花や数珠などをもつ観音菩薩坐像

《如意輪観音菩薩坐像》 鎌倉時代

（明治28）年の開館当初から引き継ぐもの。重要文化財にも指定されている。

ほかにも、毎年秋開催の正倉院展や各種特別展の会場となる「東西新館」、中国古代の青銅器のコレクションを常設展示する「青銅器館」など、見どころは尽きない。さらに、誰でも自由に出入りできる地下回廊にも注目を。仏像館と新館を結ぶ通路にショップやカフェのほか、仏像模型などが設置され、気軽に仏教美術が学べる。

☆ ☆ ☆

館にある仏像だからこそ、細部まで存分に鑑賞できる

「仏像館」では種類や大きさ、製作技法もさまざまな、国宝・重要文化財を含む約100体の仏像彫刻が、13室に分かれて展示されている。寺院各所で対面するのとはまた違い、ほとけ様の顔の表情や手の形、衣のひだなどもライティングによってつぶさに確認でき、横顔や後ろ姿などいろいろな角度から鑑賞できる。撮影OKな仏像が多数あるのもうれしい。

吉野の金峯山寺（きんぷせんじ）より、修理を兼ねて預かり受けている《金剛力士立像》。阿・吽形像共に高さ5mで、筋骨隆々の大迫力。仁王門修理完了（2027年度予定）まで展示

《金剛力士立像（吽形・阿形）》
奈良・金峯山寺蔵　南北朝時代
重要文化財

＼OTAKARA／
重文

奈良マラソンのポスターにも載った《伽藍神立像（がらんしんりゅうぞう）》（鎌倉時代）。その姿から「走り大黒」と親しまれるが、修行を怠る者を懲らしめる神とされる

十二支の獣をそれぞれ頭上にのせた《十二神将立像》（鎌倉時代）

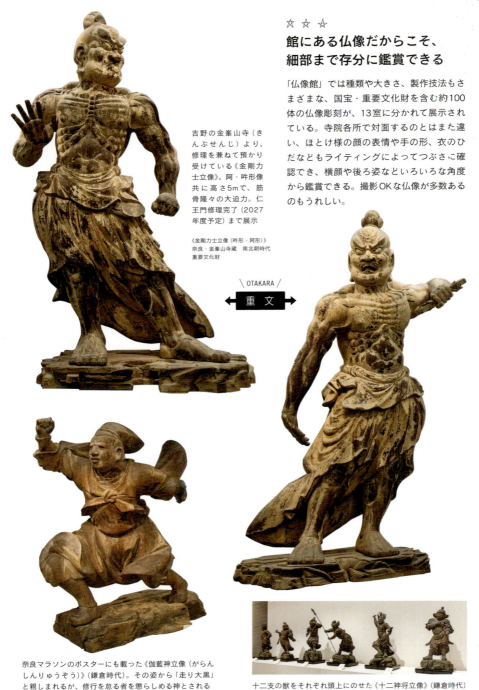

2

1.古美術商で収集家・坂本五郎による中国古代の青銅器約380点を収蔵する「青銅器館」
2・3.「仏像館」の休憩室の柱や天井には優美な浮き彫りの装飾が残る

1

3

☆ ☆ ☆

クラシカルな空間や古代の美しい青銅器も必見

「仏像館」は、赤坂離宮などで知られる片山東熊《とうくま》の設計で、明治の西洋建築を継承する重要文化財。当時の玄関スペースは、今は休憩室に活用され、ルネサンス様式の趣を味わいながらひと休みできる。また、渡り廊下でつながる「青銅器館」には、中国で紀元前に作られた青銅製の容器や楽器、農工具などを陳列。その緻密さと美しさに圧倒される。

shop

正倉院模様や鹿のグッズなど限定品に出合える

「ざんまいず」のぬいぐるみ「あおじし」1485円

元気が出る仏像マグネット各440円

正倉院の宝物をデザインした文具、奈良国立博物館公式キャラクター「ざんまいず」や仏像モチーフのオリジナルアイテムなどが豊富にそろう。仏教美術関連書も充実。

奈良国立博物館 ミュージアムショップ

㊐0742-26-3868
㊏9:30～17:00 ㊡奈良国立博物館に準ずる

CHECK グッズはP.176もチェック

cafe

焼き菓子で人気のパティスリーの支店

地下回廊内のカフェは、奈良で人気の焼き菓子＆珈琲店「La Pause」が運営。大和茶を練り込んだバウムクーヘンや香り高い自家焙煎珈琲が味わえる。

カフェ・葉風泰夢（ハーフタイム）

㊐0742-22-1673
㊏10:00～17:00（食事15:00LO・喫茶16:30LO ※季節によって変更あり）
㊡奈良国立博物館に準ずる

奈良国立博物館　ならこくりつはくぶつかん

㊟奈良市登大路町50 ㊐050-5542-8600（ハローダイヤル）
㊏9:30～17:00（最終入館16:30）※開館時間延長日あり ㊡月曜（祝日の場合翌日）
¥700円 ㊜近鉄奈良駅東側出口から徒歩約15分

＼OTAKARA／

重文

大和大路通に面して建つ表門（西門）。1895年築で国の重要文化財

※現在、表門の利用はできない。入退館は南門から

no. 40

京都国立博物館

京都・京都駅

日本美術の粋と時代を超越する仏の姿

明治古都館（旧帝国京都博物館本館）の破風。仏教世界の美術工芸の神様である、毘首羯磨（びしゅかつま）と伎芸天（ぎげいてん）が浮き彫りに

後白河法皇ゆかりの三十三間堂、俵屋宗達の障壁画が残る養源院、豊臣秀吉が発願した大仏がかつて鎮座していた方広寺など由緒ある寺院が多数ある東山七条に、1897（明治30）年に開館。今では館蔵品約9000件、京都を中心とした社寺などからの寄託品約6500件を収蔵する。名品ギャラリー（平常展示）では、考古・陶磁・書画・彫刻・金工・漆工・染織など、日本・東洋美術のほぼ全ジャンルを網羅。

なかでも古寺などに受け継がれた仏画や仏像、法会に使われたお面や仏具など仏教美術のラインナップは実に豊かで、訪れる度に発見がある。国宝《山越《やまこし》阿弥陀図《あみだず》》をはじめ、インドにルーツをもつ仏教文化が日本で独自の発展を遂げ、生みだされた豊かな表現の数々に、じっくり向き合える博物館だ。

死者の魂を、阿弥陀如来が山を越えて迎えにくるさまを描く。絵画的な情景描写を特徴とする日本特有の仏画

《山越阿弥陀図》 鎌倉時代 13世紀 国宝

国宝

/ OTAKARA \

※実際の展示とは異なる。展示予定は京都国立博物館公式サイト（https://www.kyohaku.go.jp/）を参照　1

☆ ☆ ☆

遙かな時を経てなお神々しい祈りのすがた

国宝・重文の品々はもちろん、名もなき仏師が魂をこめて彫り各寺院で大切に守られてきた仏像や、旅先でも拝めるよう造られた小さな香合仏《こうごうぶつ》、楽人が着けた行道面《ぎょうどうめん》など、精緻で美しく多彩なほとけの数々からも、往時の祈りの深さが偲ばれるよう。そしてここでは、中庭にも石のほとけ様たちが佇んでいる。そのやわらかな表情に心和むお散歩もおすすめ。

2

《千手観音香合仏》
平安～鎌倉時代 12 世紀

\ OTAKARA /
重 文

3

《十二天面のうち梵天》
平安時代 10 世紀　重要文化財

4

《不動明王立像》　平安時代 12 世紀

1.平成知新館1階の彫刻展示室には見上げるような《五智如来坐像》（写真右、安祥寺蔵 国宝）をはじめ大小の仏像彫刻が並び、その神々しさに息をのむ　2.手のひらサイズの木製の香合に彫り出された千手観音。穏やかな顔に魅せられる　3.かつて東寺の灌頂会（かんじょうえ）の際に用いられた面のひとつ　4.平安時代、密教が伝えられると大きな信仰を集めた不動明王

6

5

5.谷口吉生氏の設計で2014年に開館した平成知新館。名品ギャラリーはここで見られる　6.中庭では、さまざまな石仏がみられる。《地蔵菩薩坐像》は鎌倉時代の作

1

琳派の系譜に連なる光琳の水墨画

尾形光琳《竹虎図》 江戸時代 18 世紀

3 2

1.前田珈琲 京博店からは堂々たる明治古都館の姿が 2.《考える人》は世界に21体しかないオリジナルのひとつ 3.トラりん抹茶カプチーノ880円。エスプレッソと宇治抹茶が絶妙のハーモニー

☆ ☆ ☆

あちこちに待ち受ける〝名作〟にも胸キュン

名作ぞろいの京都国立博物館で近年注目を浴びた絵といえば、尾形光琳の《竹虎図》。大人気の公式キャラクター・トラりんのもとになった。また重厚なレンガ造りの明治古都館（旧本館）と表門は、宮内省内匠寮《たくみりょう》技師・片山東熊設計の名建築で、端正な装飾が施されたディテールも見逃せない。前に佇む名彫刻、ロダン《考える人》とも見事に調和。

shop

京博の宝をモチーフにした愛らしいアイテムが勢ぞろい

伏見の増田徳兵衛商店の日本酒純米酒「鶴下絵三十六歌仙和歌巻」「梅に籬文様帷子」各1100円

開館当初から入っている老舗。美術はがきをはじめ作品をモチーフにしたアイテムが豊富。館蔵品の絵巻や着物をラベルにデザインした日本酒など変わり種も。

トラりん手ぬぐい各1100円

京都国立博物館ミュージアムショップ　京都便利堂

(電) 075-551-2369　(時)平常展開催期間9:30～17:00・金曜～20:00 特別展開催期間は変更あり　庭園のみ開館期間は南門ショップのみ 9:30～17:00・金曜～20:00　(休)京都国立博物館に準ずる

CHECK グッズはP.176もチェック

cafe

眺めもごちそう！中庭に面したカフェ

店内席のほかテラス席もあり、中庭と明治古都館を眺めながら洋食ランチやカフェタイムが楽しめる。トラりんの絵柄のカプチーノやパフェが大人気。

前田珈琲 京博店

(電) 075-533-6262
(時) 平常展開催期間・庭園のみ開館期間9:15～17:00（16:30LO）、特別展開催期間9:00～17:30（17:00LO）、金～20:00（19:30LO）
(休) 京都国立博物館に準ずる

京都国立博物館　きょうとこくりつはくぶつかん

(住) 京都市東山区茶屋町527　(電) 075-525-2473（テレホンサービス）
(時) 9:30～17:00（最終入館16:30）、金曜～20:00（最終入館19:30）※特別展開催時は異なる
(休) 月曜（祝日の場合翌日）　(¥) 名品ギャラリー700円 ※特別展は展覧会により異なる
(交) 京阪七条駅7番出口から徒歩約7分、京都市バス博物館三十三間堂前から徒歩約1分

no. 41

平等院ミュージアム鳳翔館

京都・宇治

地下で菩薩に出会う没入ミュージアム

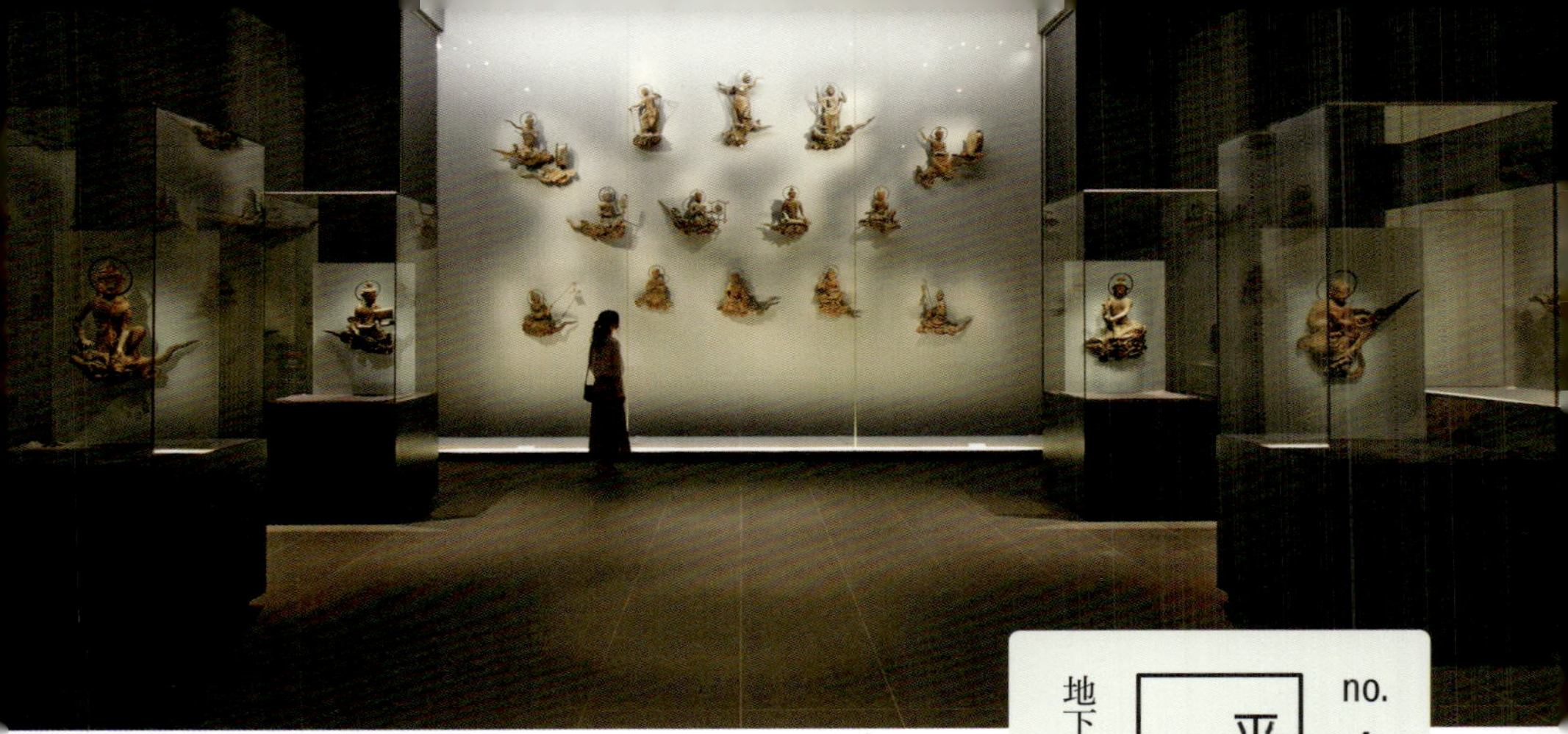

国内最大級のガラスケースにずらりと並ぶ26躯の菩薩像

国宝
OTAKARA

《雲中供養菩薩像南1号》

《雲中供養菩薩像北25号》

２０２４年の大河ドラマでも注目を集めた、源氏物語の「宇治十帖」の舞台。その宇治のシンボルである世界遺産・平等院の境内に、２００１（平成13）年に開設されたミュージアムが平等院ミュージアム鳳翔館だ。平等院の景観を守るため、建物の大半が地下構造となっている。平安時代の《初代鳳凰》や日本三名鐘のひとつの《梵鐘》、そして楽器などを持って雲の上を優雅に舞う国宝の《雲中供養菩薩像》など貴重な文化財を収蔵・展示。自然光を取り入れつつ、繊細な調光によって展示が浮かび上がる様子は幻想的で、別世界に引き込まれるよう。

常設展のほか、時季に応じたテーマで年3～4回の企画展も。また最新のデジタル技術を駆使した鳳凰堂内の彩色復元映像にも注目だ。歴史と最新アートが美しく調和するミュージアム。

1

☆ ☆ ☆

景観を守りつつ魅せる 新旧融合ミュージアム

ミュージアムは史跡名勝に指定される庭園の景色に調和するよう、エントランスは丘の上にありながらも大半は地下に埋め込まれた構造に。栗生明《くりゅうあきら》氏による設計で、約千年の歴史ある平等院庭園の地下に、ガラスやコンクリートといった現代の素材を用いつつ、シックな和の展示空間を実現。十円玉にも描かれた優雅な鳳凰堂とのよい意味でのギャップもおもしろい。

2 ← 世界遺産

／OTAKARA＼

3

1.扉絵の間では、藤原頼通の望みで描かれた日本最古の《九品来迎図（くほんらいこうず）》の復元模写が色鮮やかに　2.極楽浄土を表現した平等院鳳凰堂　3.自然光と神秘的な照明に誘われるミュージアムアプローチ

境内の「茶房 藤花」の抹茶（温）800円。平等院の象徴、鳳凰を象ったものを含め2種類の干菓子付き

shop

かわいいグッズがずらり 充実のショップコーナー

平等院の香り 1100円

平等院ハンドクリーム900円

お守りや絵馬はもちろん、香老舗松栄堂によるお香などの香り製品から鳳凰やほとけ様が描かれた雑貨や文具、ハンカチまで多彩なオリジナル商品がそろう。

平等院 ミュージアムショップ

(時)9:00～17:00　(休)平等院ミュージアム鳳翔館に準ずる

CHECK　グッズはP.176もチェック

cafe

独自にブレンドした 宇治茶を境内で堪能できる

ミュージアム隣接の日本茶専門店。専属の日本茶インストラクターこだわりのオリジナルブレンドのお茶は、宇治と近郊の茶園で収穫した茶葉を使用している。

茶房 藤花（さぼう とうか）

(時)10:00～16:30（16:00LO）
(休)月～水曜（祝日の場合営業。変更あり）

平等院ミュージアム鳳翔館　びょうどういんミュージアムほうしょうかん

(住)京都府宇治市宇治蓮華116　(電)0774-21-2861　(時)9:00～17:00（最終入館16:45）
(休)無休　(¥)700円（平等院拝観料含む）(交)京阪・JR宇治駅から徒歩約10分

写真提供：平等院（P.152 上・P.153 3 を除く）

原寸大で復元した幅1.2m、長さ15mの《ベゼクリク石窟第15窟復元大回廊》。
壁画の1枚1枚が物語になっている　撮影：東出清彦

no. 42

京都・京都駅

龍谷大学
龍谷ミュージアム

仏教に多面的に触れられる総合博物館

堀川通を挟んで西本願寺の向かいに建つ龍谷ミュージアムは、日本初の仏教総合博物館。浄土真宗の教えに則り開学した龍谷大学の創立370周年事業として2011（平成23）年に誕生。シリーズ展では釈迦の生涯から、仏教がアジア・日本に広まる流れまでをわかりやすく紹介しており、西本願寺の第二十二世法主・大谷光瑞が率いた学術探検隊「大谷探検隊」のコレクションも見ることができる。

なかでも注目したいのは、龍谷大学の研究チームが、中国の新疆ウイグル自治区にある仏教遺跡の壁画を復元した《ベゼクリク石窟大回廊》。L字形の展示エリアに足を踏み入れると、極彩色の衣をまとったほとけ様たちがぐっと迫ってくるかのような臨場感。そのほか春・秋にユニークな切り口で開かれる特別展・企画展も評判だ。

伝統的な景観が残る街並みになじむ、セラミックルーバーの外壁

☆ ☆ ☆

京都らしさが随所に！ 端正な建築も味わおう

すだれが風になびくような斬新なファサード、西本願寺周辺の塀をイメージしたエントランスホールの石垣、イロハモミジと景石を配した中庭など、京都の街に調和する建築にも注目したい。展覧会の関連映像が見られる3階ミュージアムシアターでは上映後、スクリーンが上がると後ろの大きな窓越しに西本願寺の境内が。ここでしか出合えない、京の景色だ。

ギリシャ・ローマ文化の強い影響を受けた彫りの深い顔やたくましい肉体が特徴的なガンダーラ仏

《菩薩立像》
ガンダーラ　2～3世紀

cafe

開放的なカフェでひと息 オリジナルグッズの購入も

付箋（三宝標・吉祥紋）
500円

マグネットA（アーナンダ・ソーナンダ・コーナンダ）400円

堀川通に面した1階にはガラス張りのカフェが。展覧会図録や大谷探検隊の写真入りの一筆箋、オリジナルキャラクターのマグネットなど多彩なグッズも手に入る。

龍谷ミュージアム・オリジナル一筆箋B（蓮華中仏坐像）200円

前田珈琲 龍谷ミュージアム店

㊍10:00～17:00（16:30LO）
㊂075-354-3737
㊡月曜（祝日の場合翌日）
※龍谷ミュージアム展覧会開催日以外も営業

☆ ☆ ☆

誰もが気軽に 親しめる仏教ワールド

シリーズ展では、仏教の誕生から日本での展開までの流れをたどれるよう、2階で「アジアの仏教」、3階で「日本の仏教」を展示。2～3世紀のガンダーラの貴重な菩薩立像や、釈迦の生涯を表した美しい「仏伝浮彫」などを間近で見るうち、奥の深い仏教文化の魅力に引き込まれていく。特別展などではオリジナルキャラクターがわかりやすく案内してくれることもある。

仏伝浮彫《出城・降魔成道》　ガンダーラ　2～3世紀

釈迦が悟りを開いたときの様子などが表現された精緻な石の彫刻

龍谷大学 龍谷ミュージアム　りゅうこくだいがく りゅうこくミュージアム

㊟京都市下京区堀川通正面下ル（西本願寺前）　㊂075-351-2500
㊍10:00～17:00（最終入館16:30）　㊡月曜（祝日の場合翌日）
㊎700円　㊋JR・近鉄・京都市営地下鉄京都駅から徒歩約12分

MUSEUM COLUMN 7
ワークショップで体験

作品をつくる素材や技法に触れられるワークショップが開かれている。ここでしかできない体験を通じて、作品の見方がより深く、おもしろくなる！

マンガ家体験（ペン入れ編）

プロマンガ家も使用する画材の一部を使ってワークシートのキャラクターにペン入れ体験。Gペンやインクの使い方、登場人物の心境を表現する「漫符」などもスタッフから教わり、マンガの奥深さが体感できる。

㊕ 10:00～17:00（体験時間60分）館内各所にて

㊎ 5名で5000円（1名追加＋1000円）※5名以上で2週間～2カ月前に申し込み要

さまざまな線の引き方にも挑戦

ミュージアムショップではマンガ文化を解き明かす本も販売

当日参加OKのワークショップも

京都国際マンガミュージアム

マンガを学術的に研究・収蔵展示する日本初の総合ミュージアム。

CHECK P.52

とくべつワークショップ ほとけさまに服を着せよう！

裸の仏像レプリカに服を着せる体験。館蔵品の仏像をモデルに忠実に造られた複製品を使い、仏像がどのように服をまとっているのかがよくわかる。

㊕ 第2日曜 10:30～15:30
地下回廊「ちえひろば」にて
㊎ 無料　※事前申し込み不要

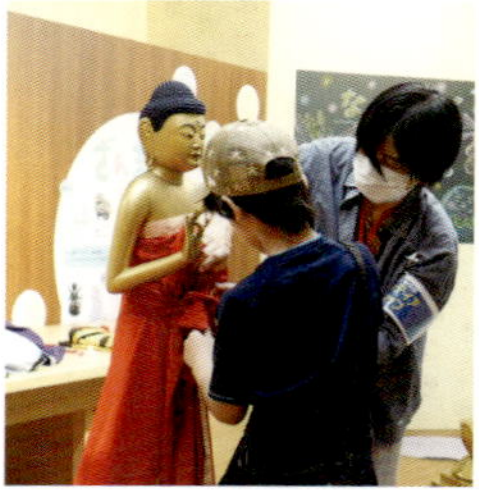

ボランティアスタッフが丁寧に指導してくれるので子どもにも人気

まいにちワークショップ さわって！発見！仏像の木

ケヤキ、カヤ、ヤマザクラ、ヒノキ、クスノキと、昔から仏像製作に用いられてきた樹種の木材に触れられる。木の板を叩くとその硬さ・柔らかさはさまざまで、木の断片をかげば驚くほど香りが違うことがわかる。

㊕ 毎日（とくべつワークショップ開催日・閉館日除く）10:00～16:00 地下回廊「ちえひろば」にて ㊎ 無料
※事前申し込み不要

木材に触れる体験を通して、仏像を見る目も変わるかも

奈良国立博物館

興福寺の旧境内地に立つ国立博物館。正倉院展でもおなじみ。

CHECK P.144

ミュージアム・カート

京博ナビゲーター（ボランティアスタッフ）に教えてもらいながら、文化財のレプリカや材料見本などの教材に触れられる。「彫刻」のミュージアム・カートでは玉眼模型を使い、仏像の眼をつくる仕組みが学べる。ほかに「絵画」「漆工」「考古」も。

㊕ 名品ギャラリー（平常展示）開催期間
10:15～16:00　平成知新館1階 ミュージアムショップ奥にて　㊎ 無料　※事前申し込み不要

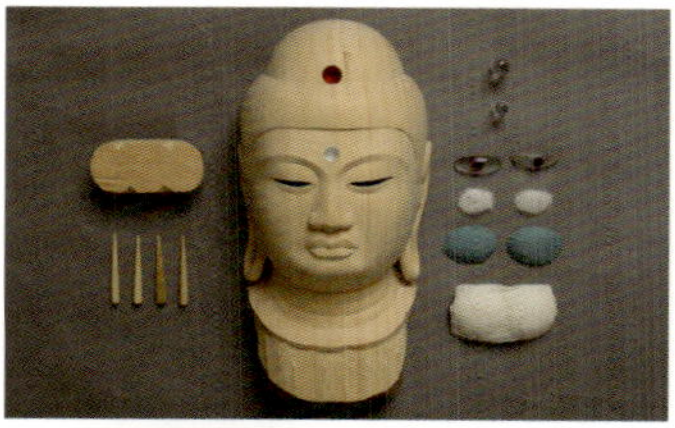

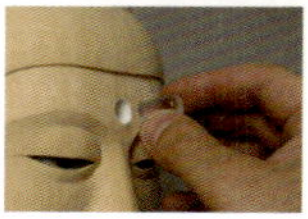

仏像の眼は水晶や和紙で表現している。自分の手で組み立ててみよう！

写真提供：美術院

京都国立博物館

豊臣秀吉が大仏を建立した方広寺の旧境内地に立つ旧帝国博物館。

CHECK P.148

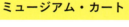

①

気になるテーマ別

この美術館に行きたい！

KANSAI MUSEUM GUIDE

LET'S GO TO SPECIAL MUSEUM

☆ ☆ ☆

超絶技巧と職人技。

建築から装飾、刀剣まで、日本が誇る技術の粋。
職人の魂を感じる道具や技巧を尽くした工芸品に
時を忘れて、惚れ惚れすること間違いなし。

no. 43

竹中大工道具館

神戸・新神戸

大工道具をいろんな角度から深掘り

天然の無垢材で組み上げた舟底天井が温かみを生み出す地上階の多目的ホール

２０２０年、日本に古くからある17の伝統建築技術がユネスコ無形文化遺産に登録されるなど、近年、大工の手仕事による木造建築が見直されつつある。

約40年前より、匠の技を生み出す道具を収集・保存し、〝ものづくり〟の素晴らしさを発信し続けるのが竹中大工道具館。

館内展示は実に多彩。木造建築技術の発達や道具の変化をたくさんの実物展示と共に解説。なかでも「道具と手仕事」コーナーは必見。木造建築数のピークを迎えた昭和前期頃の道具を陳列する「大工道具の標準編成」は圧巻だ。

また、茶室の実物大構造模型の展示のほか、名鍛冶師が手掛けた道具と共に仕事場を再現するブースなど、道具の陳列だけにとどまらない大工の手仕事をさまざまな角度から深掘りする構成は見飽きることがない。

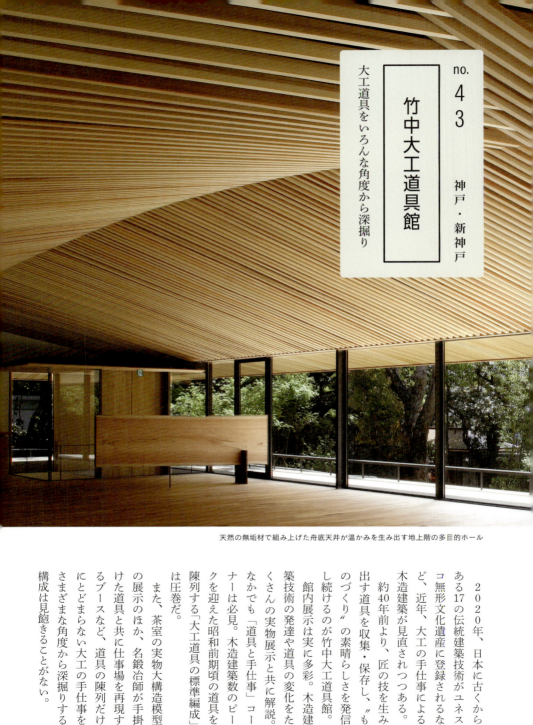

木組みの技で緻密な文様を作り出す、組子細工の障子などの建具も展示される「和の伝統美」コーナー

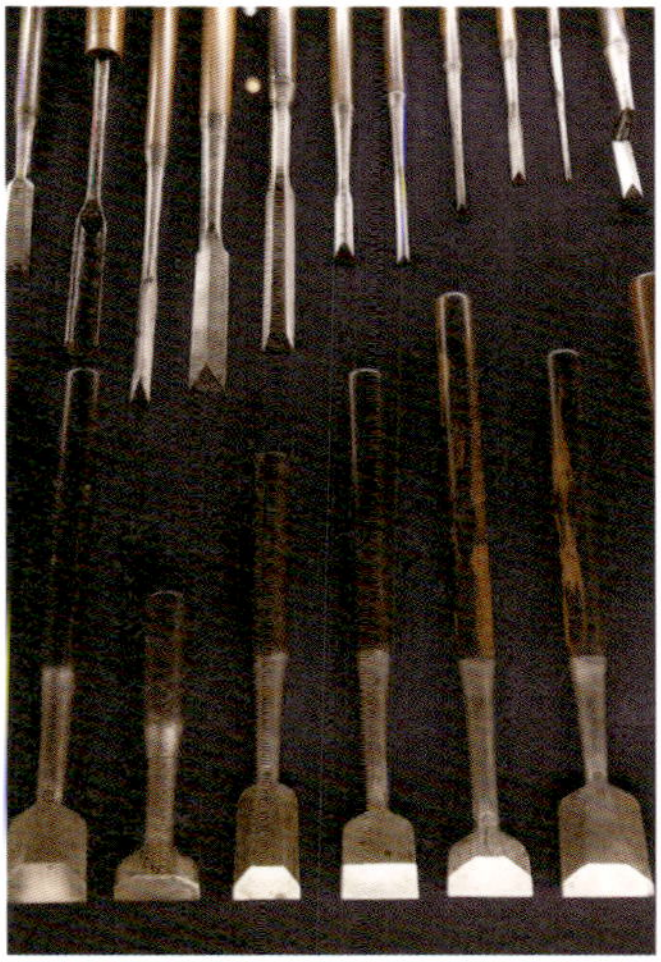

2

1

1.道具館の敷地はかつての竹中工務店の社長宅。入口の門構えにその面影が残る　2.江戸末期に京都・桃山天満宮を手掛けた大工棟梁の鑿(のみ)の数々

2

1

1.茶室の骨組み模型。骨組みがいかに華奢か一目瞭然
2.フロアを貫く唐招提寺金堂組物と柱の実物大模型

☆ ☆ ☆

木組み体験や触れる茶室など見るだけじゃない展示がおもしろい！

常設展示は大工道具の歴史や流れが学べる「歴史の旅へ」や「道具と手仕事」のほか、「棟梁に学ぶ」「和の伝統美」「名工の輝き」など７つのコーナーで構成される。なかには、伝説の宮大工・西岡常一の肉声を聞くことができるブースや木組みパーツを実際に手ではめ込むコーナー、中へ入ることができる実物大茶室模型など五感を使うものも多い。

3.大工の棟梁に必要な技能のひとつとされた〝彫刻〟がほどこされる社寺の屋根に付けられる妻飾り　4.江戸時代に登場した鴨居の溝を作るための専門の道具　5.加工途中の状態で展示される唐招提寺金堂の組物模型

5 | 4 | 3

2
1
3

1. 聚楽土を混ぜた漆喰仕上げの外壁　2. 中庭には16世紀初め頃から伝わる達磨窯で焼かれた淡路の敷瓦が敷かれている　3. 大壁は左官職人・久住有生氏の手による

☆☆☆

職人技が凝らされた建築や季節に彩られる庭園も素敵

正面玄関は釿《ちょうな》で木材の表面を削った名栗仕上げの自動ドア、国産杉の無垢材で組み上げた舟底天井が見もののロビー、ホワイトオークの一枚板をくりぬいた階段の踏板など、館内のあちこちに匠による技がちりばめられる。また敷地の海側には枯山水の日本庭園が、山側にはシダレザクラなどが植えられた石庭があり、四季折々の自然が楽しめる。

中庭を通して地下階にも光や四季の移ろいを取り込む設計に

展示で身近に感じた大工道具が日常生活を彩るアイテムに

鉋形鉛筆削りや大工道具のストラップキーホルダーなど、「木」と「道具」をコンセプトにしたグッズがそろう。企画展の図録の販売も。

※グッズは完売の場合あり。通信販売はなし、取り置き不可

大鋸のダイカットメッセージカード
200円

CHECK グッズはP.176もチェック

竹中大工道具館　たけなかだいくどうぐかん

住 神戸市中央区熊内町7-5-1　電 078-242-0216
時 9:30～16:30（最終入館16:00）　休 月曜（祝日の場合翌日）
¥ 700円　交 JR・神戸市営地下鉄新神戸駅北出口2より徒歩約3分

数寄者好みの外観が産寧坂の石畳の街並みに溶け込む

no. 44

清水三年坂美術館

京都・東山

世界を驚かせた幕末・明治の技と美

清水寺へと続く人気の観光地・産寧坂《さんねいざか》（三年坂）。人々でにぎわう通り沿いに立つ清水三年坂美術館は、幕末・明治の七宝や金工、蒔絵などの美術工芸品を専門に常設展示した日本初の美術館。約1万点の収蔵品の中には、皇室から名工のお墨付きを与えられた帝室技芸員たちの作品や、海外へ流出していた秀作を買い戻したものも多数。

数寄者や美術愛好家、作家を目指す人たちにも「日本が世界に誇る技と美に触れてもらいたい」という思いのもと展示を行う。1階常設展ではテーマに沿って約60点が並び、2階では、3カ月ごとに企画展を開催。蒔絵や七宝に用いる道具や制作途中のサンプルも展示され、工程や技法をより知ることができる。繊細で洗練された美を放つ名品の数々をじっくり堪能したい。

無銘《菊尽し菓子鉢》

菊の色絵が鉢を埋め尽くすように描かれた京薩摩の名品

☆ ☆ ☆

幕末から明治に活躍した七宝＆金工の名人

シルクロードから伝わった七宝や金工は日本で独自に進化。明治時代に京都を中心に活躍した七宝作家の並河靖之は独自に釉薬を発明し、その色彩と優美な意匠で世界中の人々を魅了した。武士の刀装具として発達した金工は明治以降、室内装飾品などにその技が生かされた。彫金師として名高い正阿弥《しょうあみ》勝義《かつよし》の作品からも超絶技巧ぶりがうかがえる。

正阿弥勝義《群鶏図香炉》

彫金技術を駆使して作られた
正阿弥勝義の代表作

並河靖之
《蝶図瓢形花瓶》

作家の特色でもある
独自の釉薬を使った逸品

赤塚自得
《藤蒔絵提箪笥》

漆芸の近代化を進めたといわれる名工による華やかな蒔絵

白山松哉
《忍草蒔絵香合》

蒔絵の帝室技芸員の
卓越した技量に驚き

shop

工芸品にあしらわれた繊細なデザインがグッズに

一筆箋各350円

並河靖之の七宝の下絵を手掛けた絵師・中原哲泉の絵はがきや、収蔵品の鐔《つば》をかたどったしおりなどの品々がずらり。中近東の織物キリム製のバッグも。

清水三年坂美術館 ミュージアムショップ

㊡時 ㊡休 清水三年坂美術館に準ずる

CHECK グッズはP.176もチェック

☆ ☆ ☆

欧米で高く評価された日本独自の蒔絵や京薩摩

その装飾性の高さから、江戸時代の将軍・大名家の婚礼道具をはじめ、豪商の印籠などの小物にも多く用いられた蒔絵。日本独自の技法である蒔絵は、明治維新以降は室内装飾品などにほどこされ海外へ輸出された。また明治に入り鹿児島の薩摩焼を京の陶芸家たちが発展させた絢爛豪華な京薩摩も、「SATSUMA」の総称で欧米に広まり人気を集めた。

清水三年坂美術館　きよみずさんねんざかびじゅつかん

(住) 京都市東山区清水寺門前産寧坂北入清水3-337-1
(電) 075-532-4270 (時) 10:00～17:00（最終入館16:30）
(休) 月・火曜（祝日の場合開館）
(¥) 1000円 (交) 京都市バス清水道または東山安井から徒歩約7分

no. 45

京都 清宗根付館

手のひらにのる超絶技巧の小さな芸術

京都・壬生

〝根付〟とは日本独自の伝統工芸品で、巾着やタバコ入れなどを着物の帯に吊るす留め具として江戸時代に大流行。そのさまざまな題材をモチーフとしたデザイン性の高さと彫刻の緻密で精巧なクオリティから、小さな芸術品として海外では広く知られコレクターもいるほど人気。

2007（平成19）年にオープンしたこの専門館では、幕末から現代に作られた約6000点の根付を収蔵。常設展のほか月替わりで企画展が開かれ、テーマに沿った約400点が展示される。

高さは4cm!

及川空観《桃太郎》

現代根付作家の代表格・及川空観氏が昔話・桃太郎をモチーフに制作

高さは6cm!

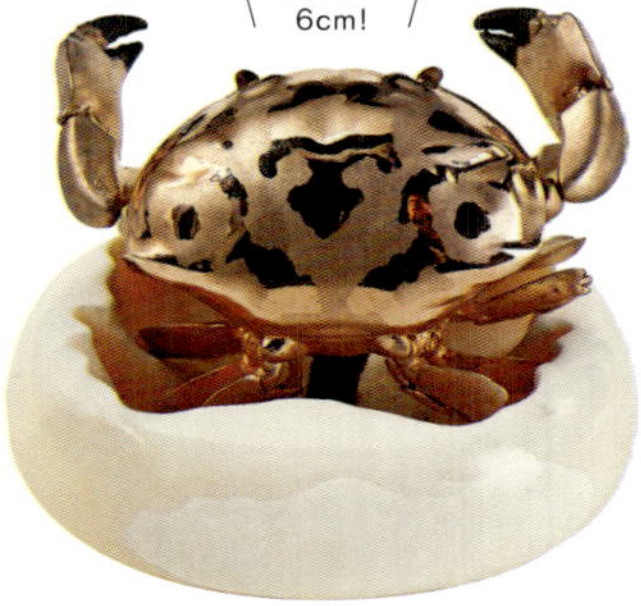

上原万征《自在滑滑饅頭根付》

足の関節を動かせる銀製のカニが目を引く現代根付。SNSでも話題となった

白龍《虎親子》

鋭い目付きで正面をにらみつける母虎と2匹の子虎を表現した江戸時代の根付

及川空観《旅役者》

旅役者の男女が身に着ける着物の柄やすげ笠の質感といった緻密な彫刻に驚き

建物は江戸後期に建てられた旧神先家（かんざきけ）住宅を改修したもの

☆ ☆ ☆

実は現代根付がコレクションの中心

昭和初期までに作られたものを古典根付、それ以降に作られたものを現代根付と呼び2つに分類。現在制作を行う根付作家は国内外に約100人ほど。現代ものの収集に力を入れているので、実物を見に足を運びたい。

京都 清宗根付館　きょうと せいしゅうねつけかん

㊟ 京都市中京区壬生賀陽御所町46-1　㊢ 075-802-7000
㊋ 10:00～17:00（最終入館16:30）　㊡ 月曜（祝日の場合翌平日）
(¥) 1000円
(交) 京都市バス壬生寺道から徒歩約3分、阪急大宮駅西改札口から徒歩約10分

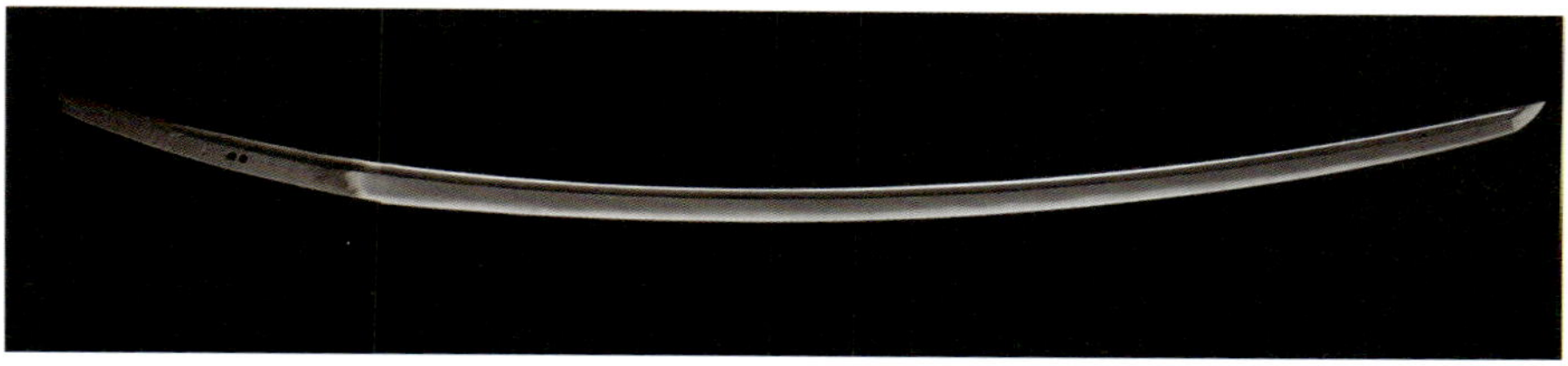

重文

《鬼切丸 別名 髭切》
平安時代の武将・源頼光の家臣、渡辺綱が都に出る鬼の腕を切り落としたという伝説が残る、天下の宝刀

/ OTAKARA \

\ OTAKARA /

国宝

《北野天神縁起絵巻 承久本》
ダイナミックな筆致で描かれた鎌倉時代の絵巻物

no. 46

京都・上京

北野天満宮宝物殿

鬼の腕を切り落としたと伝わる太刀も

947（天暦元）年に創建、御祭神に菅原道真を祀る全国天満宮の総本社である北野天満宮は、古くより皇室や公家、武家、商人など多くの人々の信仰を集めてきた。長い間、奉納された書画、刀剣、蒔絵、茶道具などの宝物は本殿に納められていたが、それを後世まで守り伝え多くの人に見てもらえるようにと1927（昭和2）年に建てられたのが宝物殿だ。

なかでも御祭神・菅原道真の一生と死後の逸話や伝説を描いた《北野天神縁起絵巻 承久本》は国宝に指定される傑作。

☆☆☆

武家から奉納された名刀がたくさん

さまざまな逸話を持つ名刀で重要文化財の《鬼切丸《おにきりまる》 別名 髭切《ひげきり》》を所蔵。ほかにも豊臣秀頼が奉納した《太刀國広》など重要文化財に指定される名刀5振を含む、約100振が収蔵されている刀剣の宝庫でもある。

shop

《鬼切丸 別名 髭切》をイメージした匂袋やポストカード、コースターなど刀剣グッズが豊富。

北野天満宮宝物殿

きたのてんまんぐうほうもつでん

住 京都市上京区馬喰町 電 075-461-0005
時 9:00～16:00（最終入館15:45）
休 毎月25日、梅苑・もみじ苑公開時期（詳細は公式サイト参照）
¥ 1000円 交 京都市バス北野天満宮前から徒歩約1分

KCIギャラリー（京都服飾文化研究財団）

17世紀以降から現代まで、西欧の衣服や下着など約1万3000点を収蔵。18世紀の宮廷ドレスや、シャネルなどの有名メゾンから寄贈された貴重なものも。下着メーカー・ワコールの支援のもと1978（昭和53）年に創設され、年2～3回、財団内ギャラリーでの企画展のほか、館外で約5年に1度大規模展を開催。

ケーシーアイギャラリー
㊟ 京都市下京区七条御所ノ内南町103 株式会社ワコール京都ビル5F
㊒ 075-321-9221 ㊗ 9:30～17:00（最終入館16:30）
㊡ 土・日曜・祝日 ㊎ 無料 ㊋ JR西大路駅北口から徒歩約1分

「フラワー・パワー」展　2024年1月29日～4月26日　撮影：福永一夫

✓ exhibition

LOVE ファッション
―私を着がえるとき

2025年4月16日～6月22日
東京オペラシティ アートギャラリー
¥ 1600円

ファッションを通じて「LOVE」の形を追求する大規模企画展。

MUSEUM COLUMN 8

ファッションも ミュージアムで

それぞれの時代の変化を敏感に捉える衣服や靴といった服飾品。それらを収集・展示する専門館をご紹介。その華やかさに思わず釘付けになりそう。

これぞベルばらの世界

1
ピエール・バルマン
1956年春夏
撮影：畠山崇

2
ドレス
フランス　1775年
撮影：広川泰士

3
バレンシアガ
1951年冬
撮影：畠山崇

1.パリを代表するオートクチュール・メゾンのひとつ、ピエール・バルマンの作　2.王妃マリー・アントワネットに拝謁した際に着用したとされる宮廷ドレス　3.パリ・オートクチュールの卓越した縫製技術による明瞭なプロポーションが特徴

神戸ファッション美術館

港町であり洋服や靴の製造が盛んな神戸に、ファッションをテーマとした日本初の公立美術館として1997（平成9）年に開館。18世紀の宮廷衣装から現代ファッションなど約9000点を所蔵。多彩なアートを紹介する特別展やコレクション展を開催。

銘仙：桐生正子氏所蔵
帯・小物：Ponia-pon所蔵

トキメキ♡大正浪漫

こうべファッションびじゅつかん
㊟ 神戸市東灘区向洋町中2-9-1
㊒ 078-858-0050 ㊗ 10:00～18:00（最終入館17:30）㊡ 月曜（祝日の場合翌平日）㊎ 展覧会により異なる ㊋ 六甲ライナーアイランドセンター駅から徒歩約3分

✓ exhibition

特別展「大正の夢 秘密の銘仙ものがたり」

2025年4月12日～6月15日 ¥ 1000円

大正から昭和初期、女学生などの間で大流行した着物・銘仙を約60点展示。

①

気になるテーマ別
この美術館に行きたい！

KANSAI MUSEUM GUIDE
LET'S GO TO SPECIAL MUSEUM

☆ ☆ ☆

地元ゆかりのあの時代へ。

長きにわたり政治の中心でもあった関西。
修学旅行気分で当時の姿を訪ねてみたい。
家族や子どもと一緒もまた楽しい！

no. 47

堺市博物館

世界遺産の古墳群から古代を知る

大阪・堺

ユネスコ世界文化遺産に登録された百舌鳥《もず》・古市《ふるいち》古墳群。堺市博物館はそのメインともいえる、仁徳天皇陵古墳（大山《だいせん》古墳）そばの大仙公園内に建てられる。

常設展では古代から近代までの展示ゾーンがあり、百舌鳥古墳群出土品のほか、仁徳天皇陵古墳から発見された石槨《せっかく》・石棺の復元や馬形埴輪《はにわ》の実物大複製が並ぶ。

堺は古代から大陸との往来が盛んで、中世には有力商人らによって貿易都市として栄え、あの千利休も輩出。公園内の茶室では抹茶も味わえる。

2

3

1

1. U字形の展示場には火縄銃なども　2. 仁徳天皇陵古墳から出土した馬形埴輪（複製）は国内最大級　3. 古墳時代の展示コーナー中央にあるのは仁徳天皇陵古墳石槨・石棺（複製）

shop

螺鈿《らでん》細工が美しい南蛮漆器を再現するペーパークラフトや古墳マグネットなど個性派グッズを販売。

CHECK グッズはP.176もチェック

堺市博物館　さかいしはくぶつかん

住 大阪府堺市堺区百舌鳥夕雲町2　大仙公園内
電 072-245-6201　時 9:30～17:15（最終入館16:30）
休 月曜（祝日の場合開館）　¥ 200円
交 JR百舌鳥駅から徒歩約6分、南海バス堺市博物館前から徒歩約4分

☆☆☆

埴輪パズルやクイズに挑戦 子どもに人気の体験フロア

古墳群を見学・散策する際の拠点として親しまれるほか、地下1階には誰もが無料で利用できる「わくわく体験フロア」が設けられ、子どもたちにも人気。古代の大王になった気分で兜《かぶと》を被ったり、土器や埴輪を組み立てる立体パズル、クイズなどにもぜひ挑戦を。

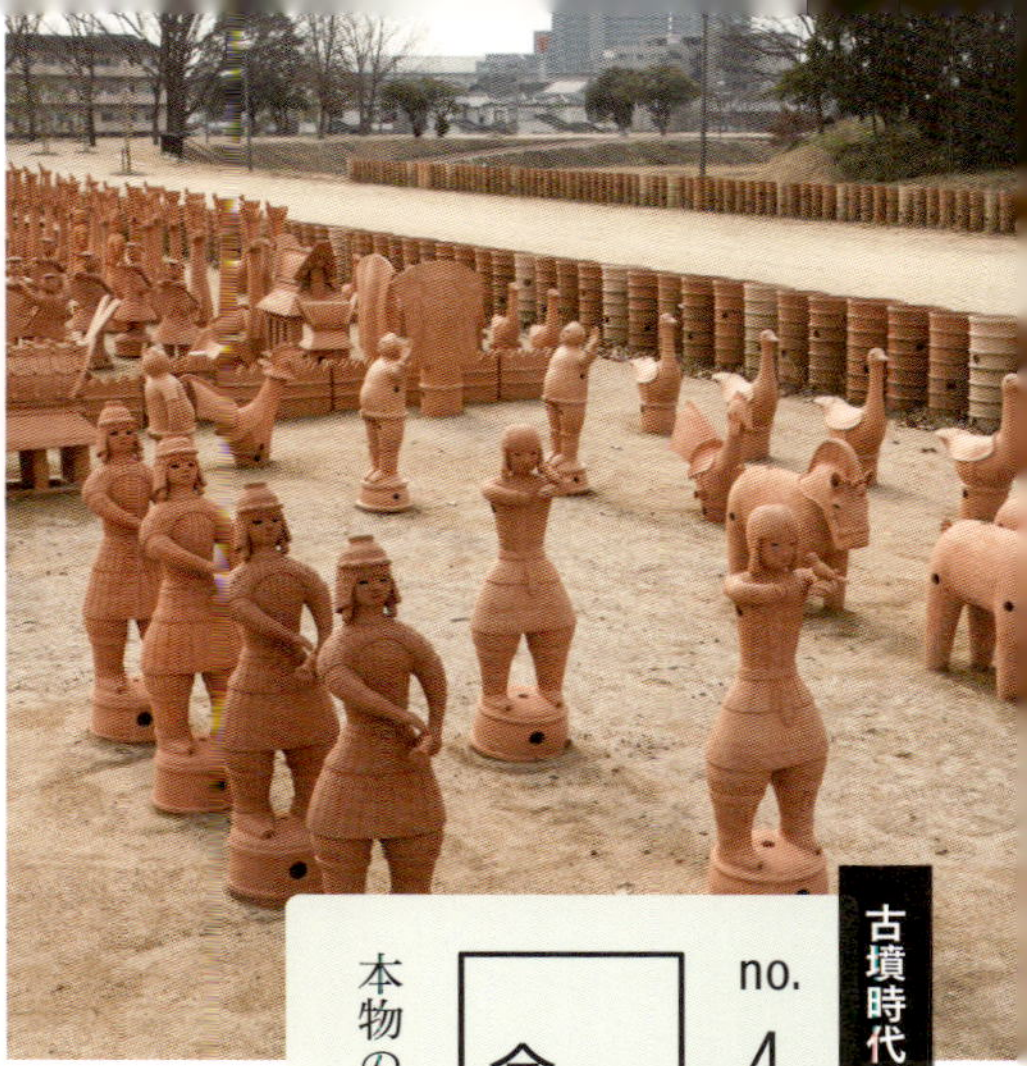

2　1

no. 48

大阪・高槻

今城塚古墳公園 今城塚古代歴史館

本物の出土品やジオラマで古墳を体感

6世紀前半に築造された、淀川流域最大級の前方後円墳・今城塚古墳。現在は今城塚古墳公園として整備され、墳丘部分を自由に散策できる。その公園に隣接し、2011（平成23）年にオープンしたのが「今城塚古代歴史館」だ。

歴史館では、10年間に及ぶ今城塚古墳の発掘調査の成果を展示。古墳から出土した形象埴輪群や3基の復元石棺などを常設展示している。実物大のジオラマ模型や映像による古墳づくりの解説も見ものだ。古墳時代に思いを馳せてみて。

3

1.今城塚古墳公園の埴輪祭祀場　2.巨大古墳の築造過程を実物大のジオラマで解説　3.墳丘だけで全長約181mを誇る今城塚古墳。聖徳太子の曽祖父・継体天皇の墓だといわれている

☆ ☆ ☆

古墳の歴史や築造過程を発掘調査をもとに解説

常設展示室では、古墳時代前史＆前期、巨大古墳の築造、大王の葬送儀礼などを丁寧に解説。発掘調査で判明した成果をもとに、形象埴輪群や土器、鉄刀など本物の出土品を用いた臨場感ある展示が見どころだ。館の隣に本物の古墳があることも、いっそうロマンをかきたてる。

今城塚古墳公園　今城塚古代歴史館

いましろづかこふんこうえん　いましろづかこだいれきしかん

㊟ 大阪府高槻市郡家新町48-8　㊫ 072-682-0820
(時) 10:00～17:00（最終入館16:30）
(休) 月曜（祝日の場合翌平日）　(¥) 無料（特別展は有料の場合あり）
(交) 高槻市営バス今城塚古墳前から徒歩約1分

奈良時代

no. 49

奈良・大和西大寺

平城宮いざない館

天平の文化や人々の暮らしを体感

約1300年前、律令国家の仕組みが完成し、天平文化が花開いた平城京。平成に入り、宮殿の正門である朱雀門が復原されたことを皮切りに、平城宮跡歴史公園が整備され、その一角に体験型のガイダンス施設として「平城宮いざない館」が誕生。

出土品の展示はもちろん、平城宮の全体像や人々の暮らしを模型や大型ビジョン、平城宮一日絵巻などでわかりやすく紹介している。公園の見どころガイドもあるので、復原された第一次大極殿《だいごくでん》などと共に足を運んでみては。

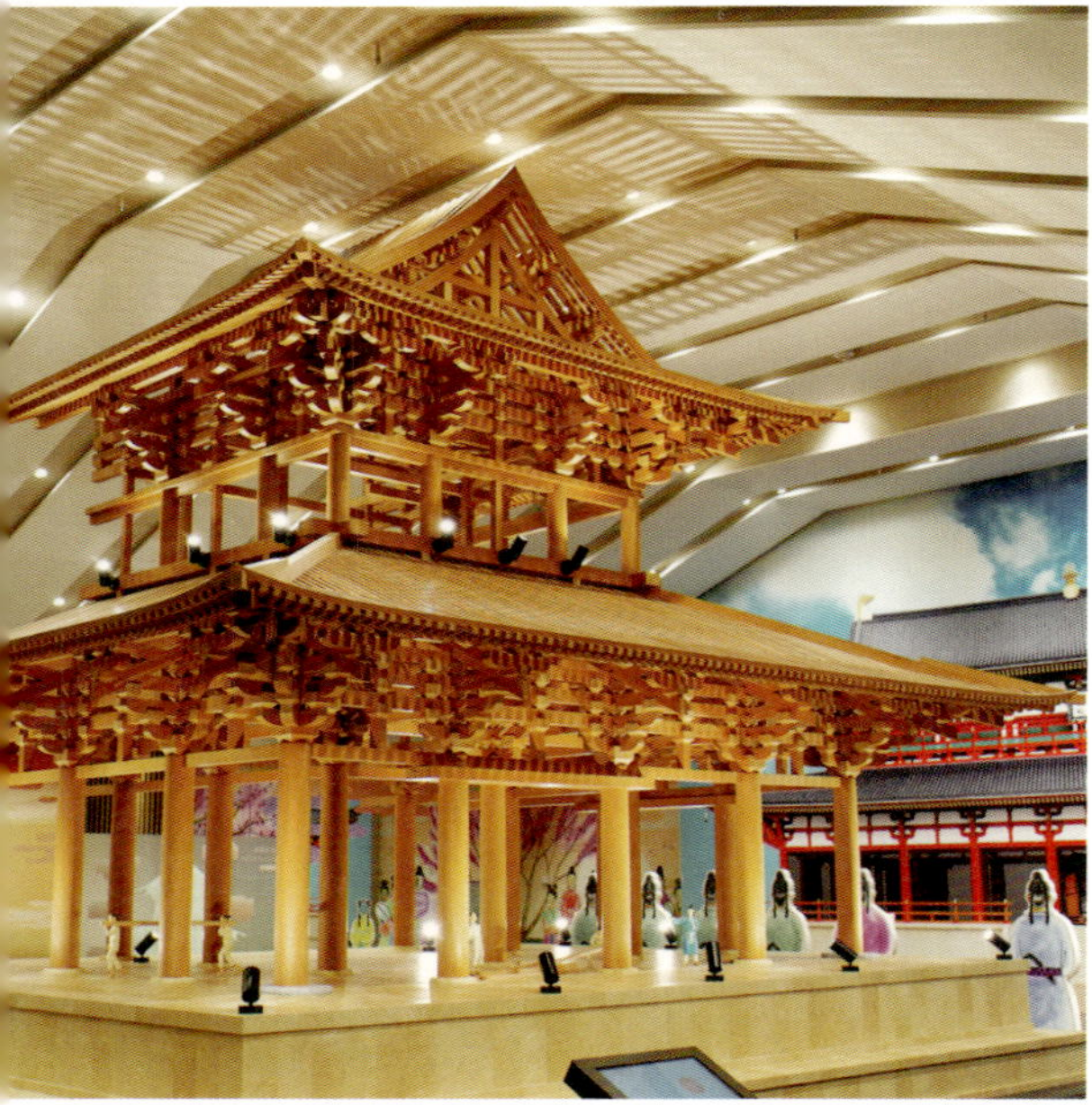

3

1

2

1. 復原された朱雀門は間口約25ｍ、高さ約20ｍ　2. 出土品や資料は現代人にわかりやすい切り口で展示されている　3. 第一次大極殿復原にあたり製作された構造模型

shop

古代の硯《すずり》をモチーフにした「えんめん犬」などのキーホルダーを販売。

平城宮いざない館　へいじょうきゅういざないかん

(住) 奈良市二条大路南3-5-1 平城宮跡歴史公園内
(電) 0742-36-8780（平城宮跡管理センター）
(時) 9:00～17:00（最終入館16:30）
(休) 2・4・7・11月の第2月曜（祝日の場合翌日）
(¥) 無料　(交) 近鉄大和西大寺駅南口から徒歩約20分

☆ ☆ ☆

大極殿の構造模型に見る奈良時代の技術と叡智

天皇の即位式や外国使節との面会など、国の重要な儀式のために使われていた大極殿。奈良時代のなかでも最大級の規模を誇った第一次大極殿が公園内に復原されている。館内にはその5分の1の構造模型が展示され、当時の優れた技術を間近に見ることができる。

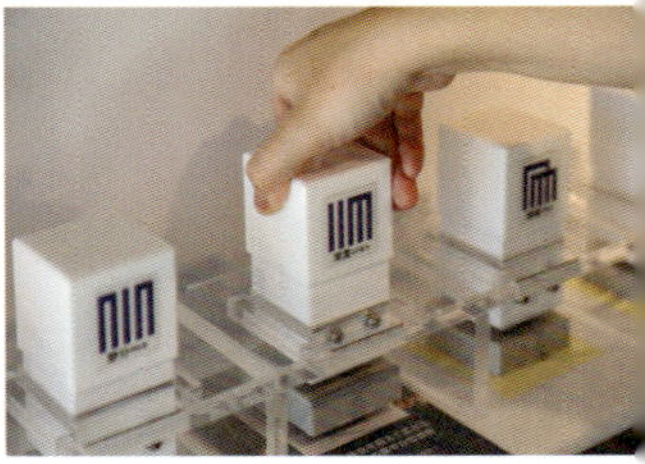

1 / 4 | 3 | 2

1.御殿の暮らしを再現したコーナー　2.「源氏香」と呼ばれる香木の香りの違いを当てる体験コーナー　3.「宇治十帖」の名場面をまとめたシアターも　4.寝殿造りをイメージした屋根が特徴の同館

平安時代

no.50

京都・宇治

宇治市源氏物語ミュージアム

『源氏物語』の世界に浸るひととき

日本最古の長編物語『源氏物語』をテーマにした博物館。『源氏物語』最後の10帖「宇治十帖」の主な舞台となった宇治の地に、1998（平成10）年に開館。「平安の間」では、原寸大に復元された牛車や、光源氏の邸宅・六条院の復元模型を展示。平安貴族が御簾《みす》の外から室内を垣間見《かいまみ》る様子を再現した展示のほか、実際に「垣間見」を体験できるボックスがあるのがユニーク。所蔵品の《源氏絵鑑帖《げんじえかがみちょう》》を立体的に鑑賞できるパネルも見応えあり。

☆ ☆ ☆

平安時代の暮らしや文化をこだわりの展示で体感

平安貴族になった気分でリアルに体感できる仕掛けが多いのが同館の魅力。展示室にある牛車は、全長約5.5mと原寸大で復元。また『源氏物語』にも描かれる「垣間見」とは、室内と室外の明暗差によって生まれることが体験コーナーで実感できる。

shop & cafe

日本茶カフェ＆ショップ「雲上茶寮」では銘茶や絶品スイーツが楽しめる。グッズの販売も。

CHECK カフェはP.97、グッズはP.176もチェック

宇治市源氏物語ミュージアム

うじしげんじものがたりミュージアム

住 京都府宇治市宇治東内45-26　電 0774-39-9300
時 9:00～17:00（最終入館16:30）　休 月曜（祝日の場合翌日）
¥ 600円　交 京阪宇治駅から徒歩約8分、JR宇治駅南口から徒歩約15分

平安時代

no.51

京都・西陣

古典の日記念 京都市平安京創生館

京の今昔を見比べ、街歩きへ

朝廷が使う酒や酢を醸造していた役所・造酒司《みきのつかさ》の跡地に建てられており、その出土品も合わせて展示されているのも古都の博物館ならでは。

なかでも縮尺１０００分の１の平安京復元模型は圧巻で、考古学、歴史学などの研究者による研究成果を結集して作られた。平安時代と現代を重ね合わせた大型イメージマップも見どころ。同館のロングセラーで２０２４年に一新されたガイドマップ「新版平安京図会」を片手に、街の今昔に思いを馳せながら史跡めぐりをするのもおすすめ。

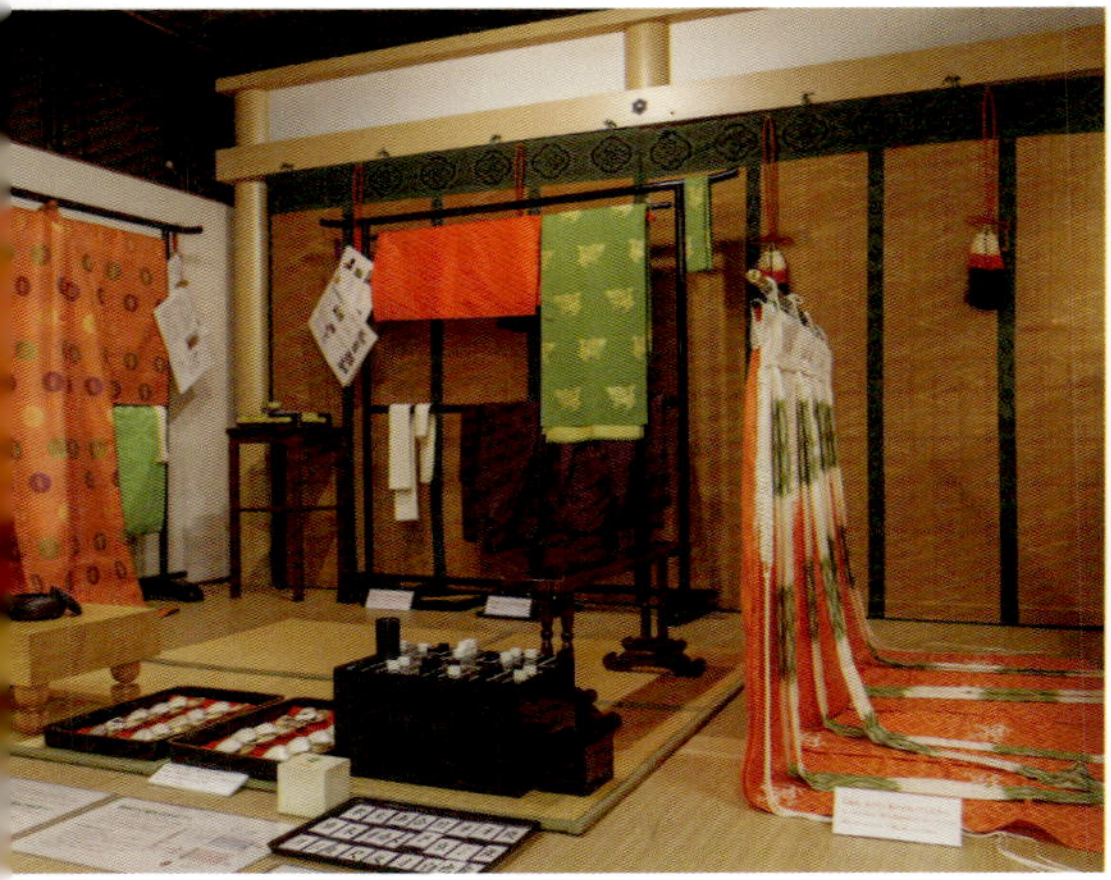

2

1

3

1.約千年前の往時を物語る復元模型　2.平安京のくらしと文化 体験コーナー　3.玄関前には平安宮造酒司の倉庫の柱跡がタイル張りで残されている

「京都市平安京創生館」展示及び京都アスニー（京都市生涯学習総合センター）協力

古典の日記念 京都市平安京創生館

こてんのひきねん きょうとしへいあんきょうそうせいかん

(住) 京都市中京区丸太町通七本松西入
京都市生涯学習総合センター（京都アスニー）1F

(電) 075-812-7222　(時) 10:00～17:00（最終入館16:50）

(休) 火曜（祝日の場合翌平日）　(¥) 無料

(交) 京都市バス丸太町七本松から徒歩約1分

☆☆☆

見て触れて袖を通して平安貴族の暮らしを体感

平安京のくらしと文化 体験コーナーには、御簾や几帳がしつらえられ、盤双六や貝合わせなどの遊び道具などもそろえられている。貴族たちの普段着である袿《うちき》や狩衣《かりぎぬ》などは実際に着ることができ（無料）、貴重な記念写真の撮影ができることでも人気。

no.52

大阪・大阪城

大阪城天守閣

市民の熱意で復興した天守閣

豊臣秀吉が築き、大坂夏の陣で豊臣氏の滅亡と共に落城した大坂城。徳川家により再建されたものの、１６６５（寛文５）年に再び焼失して以降、天守閣のない時代が長く続いた。現在の大阪城天守閣は１９３１（昭和６）年に市民の寄付によって復興されたもので、国の有形文化財に登録されている。

城内に歴史博物館になっており、金箔瓦などの出土品をはじめ、再現された黄金の茶室や時代ごとの城の復元模型などを展示。８階の展望台では天下人の気分で大阪の街を一望できる。

2

3

1

1.復元された豊臣秀吉の「馬藺後立付兜《ばりんうしろだてつきかぶと》」 2.5階では大坂夏の陣図屏風の世界を映像とミニチュアを使って紹介 3.歴史博物館として文化財を収蔵する大阪城天守閣

shop

ショップは1階と8階にある。天守閣の石垣模様のフェイスタオルのほか、文具や菓子なども販売。

☆☆☆

武将ごとに個性が光る兜 復元品で記念撮影も

天守閣2階では、復元された武将たちの兜を陣羽織と共に試着し、記念撮影ができる（1人500円）。菖蒲の一種「馬藺《ばりん》」の葉29枚をかたどった豊臣秀吉の兜のほか、真田幸村、加藤清正、黒田官兵衛などの個性豊かな兜がそろい、女性向けの小袖も用意されている。

大阪城天守閣　おおさかじょうてんしゅかく

㊟ 大阪市中央区大阪城1-1　㊢ 06-6941-3044
㊡ 9:00～18:00（最終入館17:30）
㊡ 無休　¥ 1200円
㊡ JR大阪城公園駅から徒歩約18分、Osaka Metro天満橋駅3番出口から徒歩約20分

江戸時代

no.53

大阪・天神橋筋六丁目

大阪市立住まいのミュージアム 大阪くらしの今昔館

江戸時代と近代大阪にタイムトリップ

1.江戸時代をリアルに再現した大坂町三丁目の賑わい　2.4月中旬から9月上旬のしつらえである「夏祭りの飾り」　3.狭い路地に面した裏長屋もある　4.町で暮らす猫などの動物も

大阪の町・住まいの歴史と文化をテーマにしたミュージアムはビル内にあり、江戸時代から昭和までの大阪の町の暮らしを2フロアで詳しく紹介。

9階では、天保年間（1830年代）の大坂の町並みを再現。呉服屋や風呂屋、薬屋などの町家が立ち並び、まるで江戸時代に迷いこんだかのよう。町家に入って建具のディテールや調度品が間近で見られる。8階は明治・大正・昭和時代の暮らしを精巧なミニチュア模型や資料で紹介。各時代の空気を存分に感じてみて。

☆ ☆ ☆

音や照明で変化する大坂の町の一日をリアルに

実物大に再現された大坂の町並みが一番の見どころ。各分野の専門家の監修のもと、古文書や絵図に基づいて忠実に再現されている。雨音や犬・鳥の鳴き声、夕焼けなど、音や照明で一日の移り変わりも表現。また、季節によって飾りの模様替えもあり、四季による変化も楽しめる。

shop

8階にあるショップでは、常設展・企画展の図録や大阪市パノラマ地図などを販売。

大阪市立住まいのミュージアム 大阪くらしの今昔館

おおさかしりつすまいのミュージアム おおさかくらしのこんじゃくかん

住 大阪市北区天神橋6-4-20 住まい情報センタービル8F
電 06-6242-1170　時 10:00～17:00（最終入館16:30）
休 火曜（祝日の場合開館）
¥ 600円　交 Osaka Metro天神橋筋六丁目駅3号出口から徒歩約1分

no.54

霊山歴史館

京都・東山

幕末の志士たちの息吹を間近に

坂本龍馬や中岡慎太郎など幕末の動乱に殉じた約400柱の墓碑が残る霊山。その麓にある霊山歴史館では、志士たちの遺品・遺墨などの収蔵品をはじめ、新選組や徳川幕府に関する史料を数多く展示。倒幕・佐幕の双方の視点から激動の時代について知ることができる。

常設展では主に龍馬と新選組・幕府にスポットを当て、所蔵品を高精細4K画像で細部まで鑑賞できる最新の展示のほか、主要人物の生没年や師弟関係、組織を図版で解説するなど、わかりやすいと定評がある。

1.等身大の龍馬像が出迎える常設展　2.龍馬を斬ったといわれる脇差しの展示も。刀身の刃こぼれから激闘の様子がリアルに感じられる　3.霊山の麓にあり祇園にも近い

shop

幕末の志士にちなんだグッズが豊富。龍馬の刀を模したキーホルダーなどファン必見のショップ。

CHECK グッズはP.176もチェック

霊山歴史館　りょうぜんれきしかん

住 京都市東山区清閑寺霊山町1　電 075-531-3773
時 10:00～17:30（最終入館17:00）　休 月曜（祝日の場合翌日）
¥ 1000円　交 京都市バス東山安井または清水道から徒歩約7分

☆☆☆

歴史ファンをひきつける龍馬を斬った刀がそこに

龍馬を斬ったとされる京都見廻組隊士・桂早之助の脇差しをはじめ、新選組の近藤勇、土方歳三が所有した愛刀は同館を代表する収蔵品。これらを見るためにたびたび訪れるという人も多い。ほかにも幕末に使用された鉄砲や、大砲の弾、木刀に実際に触れられるコーナーもある。

Museum Goods

美術館で見つけた アートなおみやげ

美術観賞を楽しんだ後は、ミュージアムショップでおみやげ探し！　洗練された雑貨や、収蔵品をモチーフにしたオリジナルグッズもたくさん。記念になる一品を見つけよう。

Goods 1.)

アニマルグッズに癒される。

TIGER

トラりん ぬいぐるみ（大）

京都国立博物館 →P.148

《竹虎図》をもとに誕生した、博物館公式キャラクター「トラりん」のぬいぐるみ。3190円

DOG

六兵衛窯 仔犬豆皿

細見美術館 →P.86

中村芳中《光琳画譜》より「仔犬」の意匠を取り入れたお皿。3630円

CAT

パスケース（リールコード付）スコティッシュフォールド

京都文化博物館 →P.120

京都の西陣織工房が作る、かわいい猫がモチーフの織物雑貨。1650円

BUTTERFLY　BIRD　BAT

オリジナルワッペン

㊧《蝶》
㊥《鳥》
㊨《蝙蝠》

清水三年坂美術館 →P.162

所蔵品をモチーフにした、アイロン・ステッカー両用のワッペン。蝶1650円、鳥1210円、蝙蝠990円

FROG　RABBIT

オーガニックコットン風呂敷 国宝「鳥獣人物戯画」

京都国立博物館 →P.148

京都・高山寺蔵の《鳥獣人物戯画》の風呂敷。軽くてかさばらないので、おみやげに最適。各1870円

ELEPHANT

ぬいぐるみ ざんまいず しろぞー

奈良国立博物館 →P.144

収蔵品をモチーフにした博物館公式キャラクター「ざんまいず」のうちの一体。1485円

DOG

クッションキーホルダー

福田美術館 →P.70

円山応挙《竹に狗子図》の子犬をモチーフにしたグッズ。丸いフォルムが愛らしい。1870円

DEER

鹿キーホルダー

奈良国立博物館 →P.144

木製の鹿さんキーホルダー。角も丸みを帯びているので、触っても痛くない。660円

マスキングテープ

太陽の塔 ☞P.136

塔の頂部の「黄金の顔」、背面の「黒い太陽」など、さまざまな部分がモチーフに。各660円

有田焼ガラスペン 夕暮れ

大阪市立東洋陶磁美術館 ☞P.42

職人が一本一本手作りで製作した、オリジナル商品。鮮やかなオレンジ色が美しい。1万3200円

測量野帳 オートリキシャ

国立民族学博物館 ☞P.138

調査地で見聞きし、考えたことを記録するための測量野帳（フィールドノート）。500円

飛び出るバラにびっくり

ポップアップカード Hiromi Takeda ROSE

国立国際美術館 ☞P.12

京都を拠点に活躍する作家・Hiromi Takedaによる、飛び出す仕掛けがおもしろいポップアップカード。部屋に飾っても素敵。1980円

Goods 2.) デザイン文具で気分を上げる。

ありがとうスタンプ

㊤ アイヌ語「イヤイライケレ」
㊥ アラビア語「シュクラン」
㊦ サーミ語「キーヒトゥ」
㊨ 韓国・朝鮮語「コマウォヨ」

国立民族学博物館 ☞P.138

各言語の「ありがとう」のほか、その使用地域をイメージさせるモチーフも入ったスタンプ。各528円

色紙 平山郁夫のシルクロードシリーズ

佐川美術館 ☞P.212

《楼蘭の月》をはじめ、日本画家・平山郁夫によるシルクロードの絵が描かれた色紙。各803円

趣味ノート（コーヒー）

京都文化博物館 ☞P.120

カフェの営業データやコーヒー豆の情報を書き込めるノート。趣味ノートはほかに5種類ある。550円

オリジナル フローティングボールペン

国立民族学博物館 ☞P.138

傾けると、研究者が動いて世界をめぐっていく姿が楽しいボールペン。各1240円

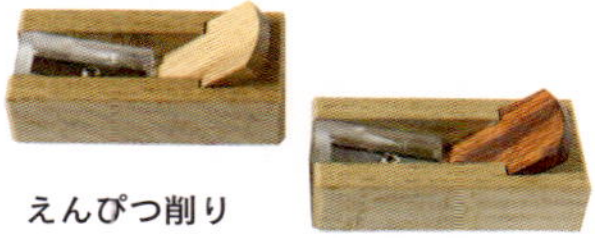

えんぴつ削り

竹中大工道具館 ☞P.158

人気商品・鉋（かんな）形の鉛筆削り。端材を利用して作るため、鉋刃部分の色はさまざま。各900円

ほそメモ

あべのハルカス美術館 ☞P.142

美濃和紙を使った一筆箋。あべのハルカスほか大阪の観光名所が描かれている。330円

前田麦
《髪をほどいた横たわる裸婦》
手ぬぐい

大阪中之島美術館 ☞P.64

美術館所蔵のモディリアーニの有名作品を現代作家・前田麦氏のスタイルで表現。1870円

キーホルダー

竹中大工道具館 ☞P.158

ミニチュアの木製ノコギリが愛らしい。家具職人手作りのため品切れになることも。1000円

ひょ〜〜

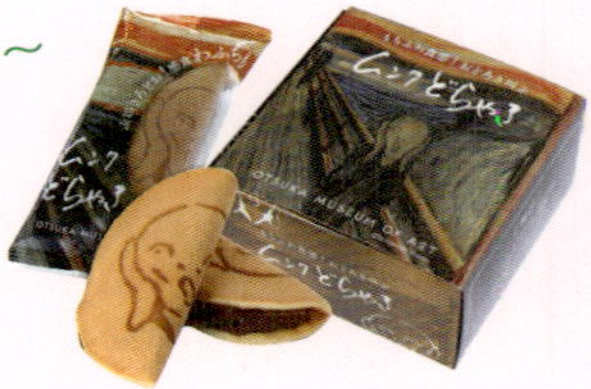

ムンクどらやき（5個入り）

大塚国際美術館 ☞P.214

箱を開けるとムンクの顔がずらり。もちふわ生地とつぶ餡のハーモニーが絶妙。1080円

Goods

3.) シンボリックな モチーフ に注目する。

細かさがすごい

ステンドグラスグッズ

㊤ マグネット ㊦ しおり（ブラック）

京都市京セラ美術館 ☞P.18

美術館のステンドグラスをモチーフにしたマグネット660円と、しおり（ブラック）935円

古墳マグネット

堺市博物館 ☞P.168

古墳形がかわいい木製マグネット。季節によって異なる周りの色も注目ポイント。200円

鐔栞

上段 ㊧ 蟷螂の斧 ㊨ 宝船
中段 ㊧ 武蔵野 ㊨ 瓢箪
下段 ㊧ 破れ傘 ㊨ 桐紋

清水三年坂美術館 ☞P.162

所蔵品の刀の鐔（つば）のデザインをしおりにしたグッズ。好きな紐の色を選べる。各660円

ポケットサーモボトル 130ml

大阪市立東洋陶磁美術館 ☞P.42

収蔵品と、その模様の一部をデフォルメしてイラスト化。淡い色合いが落ち着く。2100円

北辰一刀流・「龍馬の刀」風の小型キーホルダー

霊山歴史館 ☞P.175

坂本龍馬の愛刀をイメージしたグッズ。長さ約10cmの鞘の中には小さな刀が入っている。600円

花札キーホルダー

NARA KINGYO MUSEUM ☞P.56

さまざまな金魚の柄が入った花札に胸キュン。ここでしか買えないオリジナルグッズ。各600円

饕餮てぬぐい

泉屋博古館 ☞P.46

饕餮（とうてつ）は中国青銅器の表面の文様のひとつで、怪物の顔面文様とされる。2000円

＼じ〜〜／
視線が気になる？

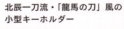

Goods

4.) こだわりの和雑貨を手に入れる。

名物裂 名刺入れ

依水園・寧楽美術館 ☞P.126

御守りなどをつくる名物裂の余り布で仕立てられたもの。菊や立涌（たてわく）などの吉祥文様が入っている。各1800円

蒔絵しおり

奈良国立博物館 ☞P.144

正倉院宝物の琵琶をモチーフにしたしおり。各550円

シンプル＆スタイリッシュ！

A5ノート

京都国立博物館 ☞P.148

博物館が所蔵する型染友禅の型紙の意匠を現代風にアレンジした、ミュージアム限定グッズ。各440円

扇子 竹内栖鳳≪風竹野雀≫

京都市京セラ美術館 ☞P.18

所蔵品・竹内栖鳳《風竹野雀》の印象的な部分をモチーフにした扇子。5720円

藤守り

平等院ミュージアム鳳翔館 ☞P.152

平等院に咲く藤と、鳳凰堂の屋根上の鳳凰像をあしらった開運・厄除けの御守り。800円

持ち歩きたいかわいさ

縮小巻子《蔬菜図巻》

泉屋博古館 ☞P.46

所蔵品の《蔬菜図巻》を縮小したグッズ。てのひらサイズの大きさがキュート！ 5940円

日本画体験キット 尾形光琳 燕子花図

大阪市立美術館 ☞P.38

日本画に挑戦！ 美術館所蔵の尾形光琳《燕子花図》の線画に色塗りができる体験セット。3300円

京絣の御朱印帳

京都文化博物館 ☞P.120

西陣織に〝絣〟の技法を使った柄をプリントした御朱印帳。職人が手作業で貼り合わせている。 各2904円

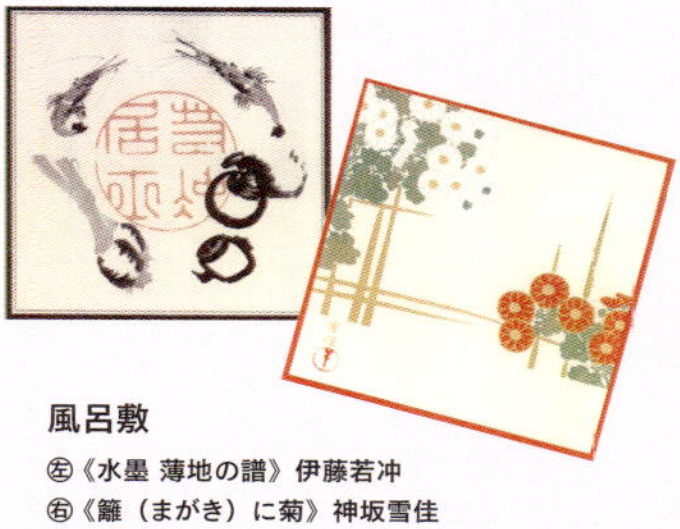

風呂敷

㊧《水墨 薄地の譜》伊藤若冲
㊨《籬（まがき）に菊》神坂雪佳

細見美術館 ☞P.86

所蔵品の絵画を風呂敷にしたもの。約50cm角サイズなのでお弁当包みにもぴったり。各1320円

源氏物語しおり

宇治市源氏物語ミュージアム ☞P.171

浮舟・紅梅・螢・紅葉賀・若紫・桐壺のシーンが描かれたしおりが6枚セットに。550円

②

アートと一緒に街歩き！

京阪神
ミュージアムさんぽ

KANSAI MUSEUM GUIDE
LET'S FIND TO ART TOWN

京都・大阪・神戸の3都市を、観光しつつのんびりおさんぽ。
ミュージアムを訪ねて歩くうち、街の個性も見えてくる！

ミュージアム
&建築さんぽ

大阪・中之島

NAKANOSHIMA, OSAKA

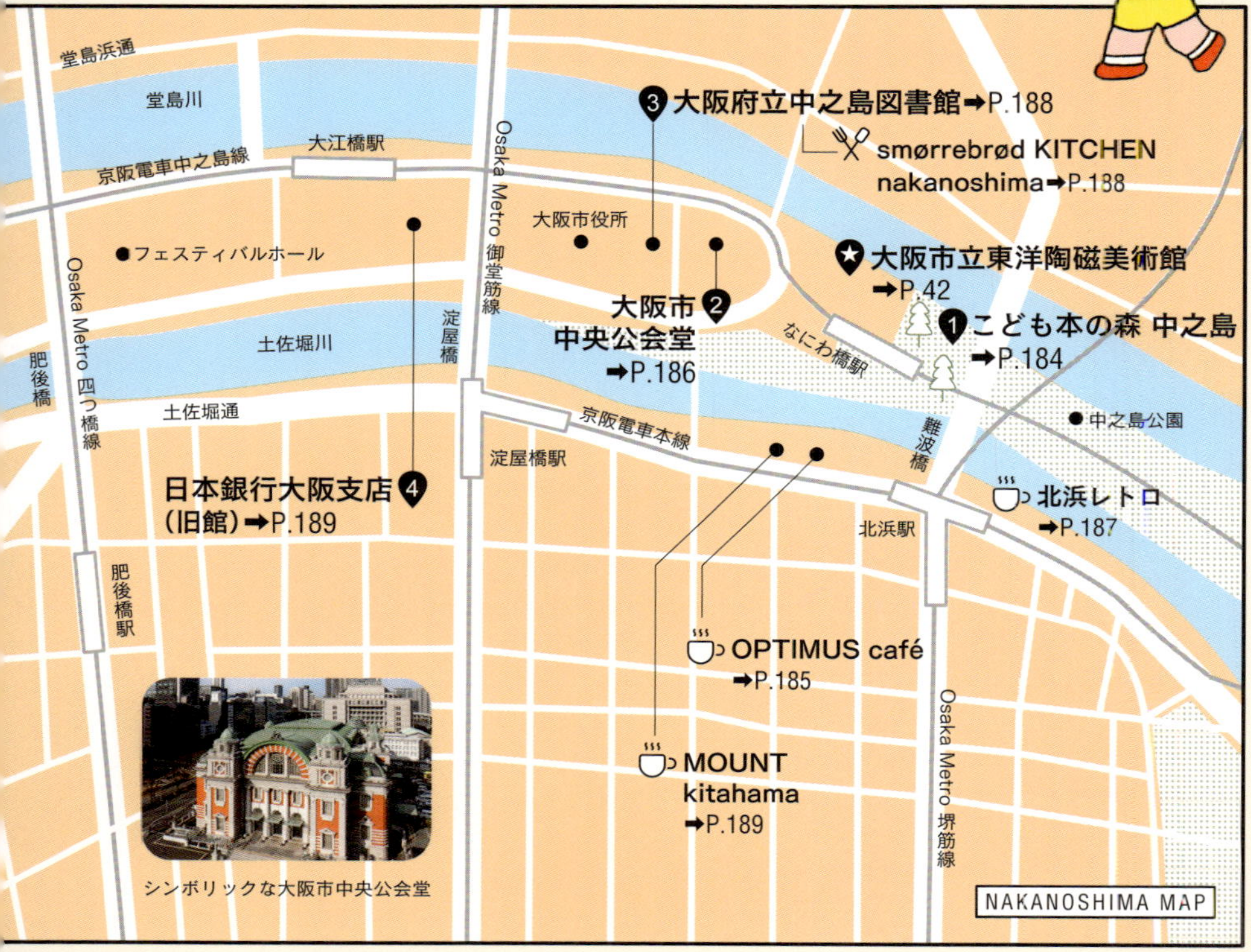

シンボリックな大阪市中央公会堂

川沿いに立ち並ぶ 荘厳な近代建築や 美術館をめぐる

大阪市内を東西に流れる堂島川と土佐堀川に挟まれた中之島エリアは、江戸時代から続く経済の中心地で、文化・芸術の発信地としても発展。

なかでも淀屋橋駅近くの一帯は大阪市中央公会堂や大阪府立中之島図書館、日本銀行大阪支店と、明治から大正時代に建てられたクラシカルな近代建築が立ち並び、大阪を代表する景観を生み出している。

近年は水辺の開発が進み、遊歩道や都市公園も整備されている。大阪中之島美術館やこども本の森 中之島をはじめ、新たな施設も続々と誕生。近代建築や美術館めぐりをしつつ、公園やカフェでのんびり過ごそう。

大阪・中之島ってどんなところ？

江戸時代に発展した水都大阪の中心地

江戸時代は蔵屋敷が集まり、水運を利用して経済と文化の中心都市として発展、江戸の「八百八町」に対して「八百八橋」と呼ばれる水都を形成した大阪の中心地。周辺には大正の好景気に沸いた「大大阪」時代の面影を今に伝えるレトロ建築や橋も多く残り、往時の栄華を偲ばせる。現在は大規模美術館や音楽ホールなど文化施設が集中し、現代の大阪のアートを牽引中。

水都を象徴する街並み

Access

❶ こども本の森 中之島まで

[1] 京阪中之島線「なにわ橋」駅下車 徒歩すぐ
京阪沿線からならこのルートが最速。

[2] 京阪本線・Osaka Metro堺筋線「北浜」駅下車 徒歩約5分
大阪市内からならこちらもおすすめ。クラシックな照明が素敵な難波橋を渡ればすぐ中之島。

[3] 京阪本線・Osaka Metro御堂筋線「淀屋橋」駅下車 徒歩約10分
乗り換えの利便性によってはこちらもおすすめ。水辺の風景と立ち並ぶ建築を眺めながら散歩を。

写真提供：（公財）大阪観光局

春秋に見頃を迎える中之島バラ園

ライオン橋とも呼ばれる難波橋

↓近くのミュージアムにもGO!!

大阪市立東洋陶磁美術館

安宅コレクションを中心に世界有数の東洋陶磁を所蔵。2024年4月にリニューアルオープンし、カフェ・ショップも新しくなった。

CHECK ☞ P.42

大阪中之島美術館

2022年の開館以来注目を集める、大阪のアート拠点。19世紀後半以降の国内外の代表的な近代・現代美術とデザイン作品を多彩な企画に合わせて展示。

CHECK ☞ P.64

国立国際美術館

竹をモチーフにした巨大なモニュメントが目印。シーザー・ペリ設計の建物で、主要部分は全て地下にあり、現代アートを国内最大の約8200点収蔵。

CHECK ☞ P.12

\\ 建築美も愛でたい「本の森」へようこそ //

2万冊以上の蔵書があるってすごい！

撮影：いとう写真

気になった本がすぐ読めるベンチにもなる大階段。ちなみに建設費も安藤氏が負担し、蔵書の購入費用も安藤氏が募った寄付でまかなったそう

1 巨大な本棚と通路が織りなす美空間

こども本の森 中之島

無料

建築家・安藤忠雄氏の提案・設計により、大阪の文化発信地である中之島に誕生。国内外から寄贈された絵本や児童書、図書など約2万冊を所蔵する。館内は、全面が本棚で囲われた吹き抜けの空間が特徴的。中央に伸びる大階段とブリッジ通路が立体迷路のようにめぐり、まるで巨大な「本の森」に迷い込んだような気分で楽しめる。所蔵する本や図鑑の種類も豊富で、名画の図録など、大人も思わず読んでみたくなるものも多数。館内の思い思いの場所で読書する子どもたちにまじって、ページをめくってみてはいかが。

こどもほんのもり なかのしま
㊟ 大阪市北区中之島1-1-28　㊥ 06-6204-0808
㊛ 9:30～17:00
㊡ 月曜（祝日の場合翌平日）、蔵書整理期間
¥ 無料（入館方法は公式サイト参照）

こども本の森
中之島

中之島の外に広がるビジネス街を背景に、堂島川沿いに緩やかなカーブを描いて建つ様子はまさに知のオアシス

絵本や図鑑はブックディレクターの幅允孝氏が考案した12のテーマに分けて配架。自然や動物、未来や生死などさまざまなテーマに沿った関連本がジャンルや形態、対象年齢に関わらず並ぶ

子どもの読書
環境にもこだわり
がギッシリ！

2階には落ち着いた空間で読み聞かせができるスペースを設置。3階の読書スペースは採光用の窓が子どもの目の高さに。スツールも環境へのこだわりが光る北欧ブランドのもの

ほかにも素敵な
見どころがたくさん
あるんだ〜

円筒形の休憩室では、本への興味を呼び起こす映像作品を上映。本の中から印象的な短文を抽出した本棚の「言葉の彫刻」や、エントランスの《青いりんご》のオブジェもぜひ見ておきたい

グッズもマストバイ♪

1.《青いりんご》のオブジェにちなんだ青リンゴアメ345円　2.オリジナルパッケージのクーピーペンシル700円　3.小さな子も飲みやすいストローボトル3850円

1

2

3

満足感たっぷりのヴィーガン料理

OPTIMUS cafe

「こども本の森 中之島」から徒歩約5分、土佐堀川に面した、身体と環境に優しいカフェ。メニューは野菜たっぷりで栄養バランスのとれたヴィーガン料理とグルテンフリーのスイーツで、全てプラントベースの食材なのに、食べ応えがあっておいしい！と人気を呼んでいる。

天気のよい日には川沿いのテラス席もおすすめ。土佐堀川越しに緑の中之島を一望できる

オプティマス カフェ
㊟ 大阪市中央区北浜2-1-14 1F
㊫ 06-4256-1664
㊡ 8:30〜17:00（16:00LO）、土・日曜・祝日〜18:00（17:00LO）
㊡ 12月31日〜1月3日

＼ 豪華な意匠や装飾がたくさん！ ／

② 100年以上愛される中之島の象徴 大阪市中央公会堂

見学エリア指定あり

荘厳なネオルネッサンス様式の印象的な外観は中之島のシンボル。株式仲買人・岩本栄之助の寄付を受けて、早稲田大学教授の岡田信一郎の原案、東京駅を手掛けた建築家の辰野金吾と片岡安の実施設計によって1918（大正7）年に竣工。赤レンガに白のラインという辰野式建築の外観が特徴的。館内のデザインや装飾も美しく、2002（平成14）年に国の重要文化財に指定された。

おおさかしちゅうおうこうかいどう
㊟ 大阪市北区中之島1-1-27
㊪ 06-6208-2002　㊋ 9:30～21:30
㊡ 第4火曜（祝日の場合翌平日）
¥ 自由見学エリアのみ無料

1

2

1. 特別室の天井や壁面には日本神話が描かれている。大阪市章「澪標（みおつくし）」をデザインしたステンドグラスも　2. 重厚で格調高い雰囲気の小集会室

写真提供：大阪市中央公会堂

1.大集会室は2階建て。上からの眺めも壮観　2.ドラマのロケでも度々登場する1階ロビー　3.金箔に覆われた舞台縁や豪華なカーテンは創建当時の姿のまま　1

3階には宮殿の大広間のようなヨーロピアンスタイルの中集会室が。シャンデリアとステンドグラスは創建当時のままの姿。回廊は、窓から差し込む光によって昼と夜とで異なる表情を見せる

2

3

生みの親は「義侠の相場師」と呼ばれた男

見事な公会堂の建設費用は、明治〜大正時代に大阪の株の世界で活躍した岩本栄之助ひとりの寄付金。渋沢栄一と共に渡米し、米国の公共施設や富豪の寄付の習慣に感銘を受けてのことといわれる

tour information

自由見学は地下1階へ

現役の公会堂（貸しホール）のため、通常見学できるのは地下1階の自由見学エリアのみ。以前は特別室などが見学できる解説付きガイドツアーが催されていたことも。今後の見学情報は公式サイトをチェック。

レトロな洋館で優雅なティータイム

北浜レトロ

1912（明治45）年築の洋館を改装した、純英国スタイルのティーサロン。イギリス直輸入のアンティーク家具やウェッジウッドの茶器が彩る空間に、正統派ティーフーズが並ぶアフタヌーンティーで旅行気分を。1階のショップでスコーンやオリジナル紅茶をおみやげに。

きたはまレトロ

㊟ 大阪市中央区北浜1-1-26
㊫ 06-6223-5858
㊌ 11:00〜19:00、土・日曜・祝日10:30〜19:00
㊡ 無休

アフタヌーンセット3400円は、ケーキ、スコーン2種、フィンガーサンド、ドリンク付き

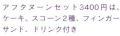

©ShoPro・長谷工・TRC共同事業体

本館3階の記念室は半円の扇窓などクラシカルな意匠

③ 威風堂々たる姿にうっとり

大阪府立中之島図書館

ツアーは先着順

1904（明治37）年に第十五代住友吉左衛門の寄付で本館が造られ、1922（大正11）年に住友家の寄付で左右両翼の2棟を増築、現在の姿に。正面玄関はコリント式の円柱が印象的で、館内も中央ホールの階段とドームが厳かな雰囲気。2階にはカフェがあり、1974（昭和49）年には国の重要文化財にも指定された特別な空間で、またとない時間を過ごせる。

おおさかふりつなかのしまとしょかん

㊟ 大阪市北区中之島1-2-10　㊆ 06-6203-0474

㊌ 9:00～20:00、土曜～17:00

㊡ 日曜・祝日、3・6・10月の第2木曜

¥ 無料（ガイドツアーは有料）

＼ 青銅製の円形ドームがシンボル ＼

1.重厚な大階段。明かり取りの円形窓から差すステンドグラス越しの光も美しい　2.ギリシャ・ローマの神殿建築を踏襲した新古典主義の代表的建築

tour information

記念室も入室可能！　100年の時を感じて

現在も公に開かれた現役の図書館で自由に見学できるが、毎週土曜日に3回開催されるガイドツアーも、建物の解説や開館当時の様子、歴史などが聞けると人気。500円／名（各回先着10名、オリジナルグッズ付き）。

西日本初のスモーブロー専門店

smørrebrød KITCHEN nakanoshima

中之島図書館の2階資料室を改装したカフェレストランで、ノスタルジックな雰囲気の空間にほっとひと息つける。北欧の伝統的な家庭料理であるオープンサンド、スモーブローの専門店で、バターを塗ったライ麦パンに具材を盛り付けたオープンサンドは見た目の美しさも評判。

スモーブローキッチン ナカノシマ

㊟ 大阪市北区中之島1-2-10 大阪府立中之島図書館 2F

㊆ 06-6222-8719　㊌ 月～木曜・日曜9:00～17:00（フード16:00LO、ドリンク16:30LO）、金・土曜9:00～20:00（フード19:00LO、ドリンク19:30LO）　㊡ 不定休

1.季節限定スノーホワイトパフェ1800円　2.ミニサイズで食べやすいスタータースモーブロー2000円

\ シャンデリアや彫刻も豪華！ /

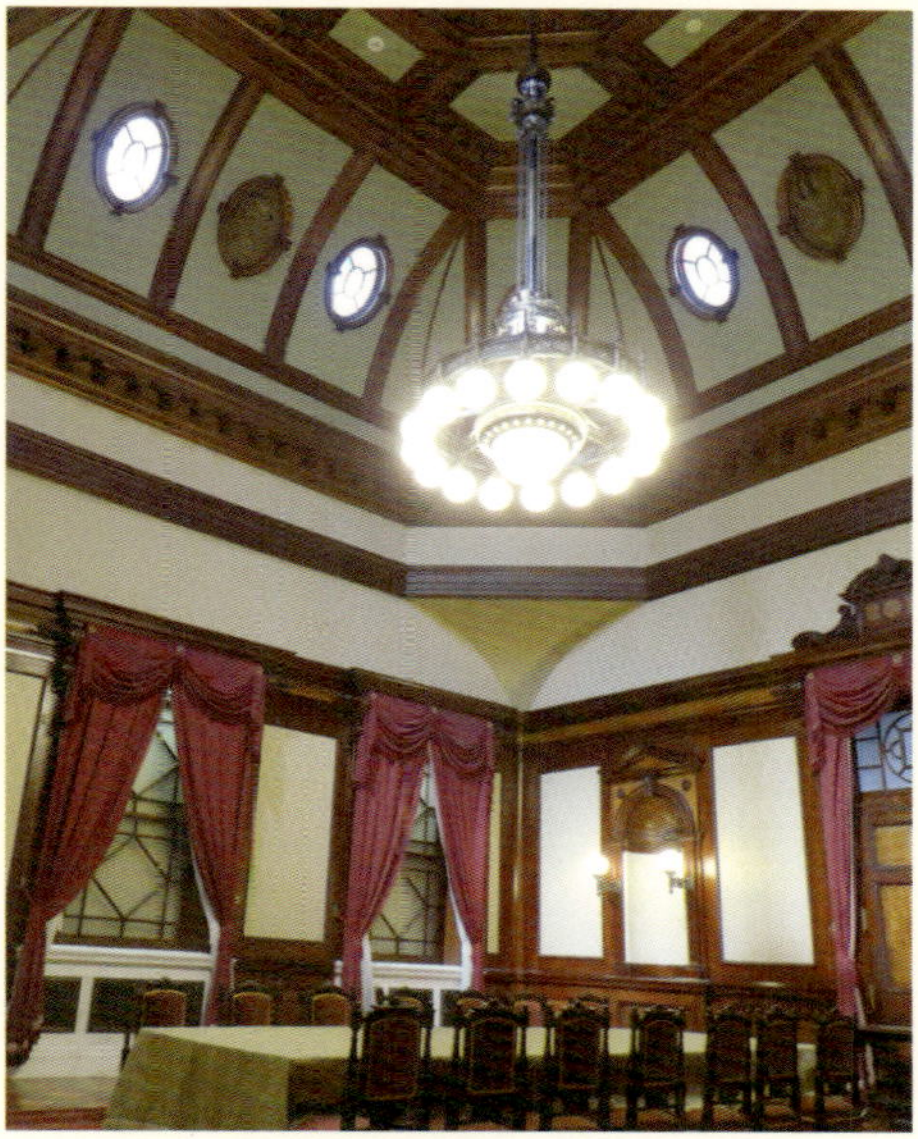

建築当時の部材を再利用して復元した旧館２階の記念室

4 中之島のもうひとつの辰野金吾建築

日本銀行大阪支店（旧館）

要予約

大阪市中央公会堂も手掛けた辰野金吾の設計で、1903（明治36）年に竣工。外観はベルギー国立銀行などがモデル。1982（昭和57）年の新館建設の際、一時は取り壊し予定となったが、大阪市民らの要望で保存されることに。旧貴賓室の記念室や大階段などが復元・保存された内部は豪華そのもの。明治の竣工当時のまま残るドーム型屋根と６本の避雷針や、バロック調の玄関なども見どころ。

にっぽんぎんこうおおさかしてん（きゅうかん）
㊟ 大阪市北区中之島2-1-45
㊇ 06-6206-7742
㊐ 10:00～11:00（午前の部）、13:30～14:30（午後の部）
㊡ 月・金・土・日曜・祝日
㊎ 無料

巧みな技と粋が
随所に見られる
意匠を堪能！

写真提供：日本銀行大阪支店

tour information

明治時代を代表する近代建築の内部へ！

内部は事前予約で見学可能。旧館の階段室や記念室のほか、現在業務を行う新館の窓口の様子、日本銀行大阪支店の業務や歴史がわかる資料も見学できる。毎週火～木曜（午前・午後各回約60分）、無料・専用サイトにて要予約。

懐かしの揚げパンと川の景色で休憩

MOUNT kitahama

日本銀行大阪支店から徒歩約10分、中央公会堂を目の前に望むリバーサイドのテラス席と、おしゃれな店内が人気のカフェ。コッペパンサンドやブレッドプディングなどの軽食が多彩にそろい、シナモンシュガーが表面にも中にもたっぷりかかった揚げパンが看板メニュー。

マウント キタハマ
㊟ 大阪市中央区北浜2-1-17
㊇ 06-6227-8024
㊐ 月～土曜10:00～18:00（17:30LO）、日曜11:00～17:30（17:00LO）
㊡ 不定休

シナモンシュガー揚げパン410円。ドリンクセットは20円引き

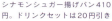

ART MUSEUM SANPO IN KANSAI
AREA: 02

ミュージアム
&庭園さんぽ

京都・岡崎

OKAZAKI, KYOTO

東山駅の近くを流れる白川

京都を代表する話題のミュージアムと名庭園をハシゴ

平安時代から江戸時代まで朝廷が置かれ、人と財、美と技術が集積してきた京都。いまも至るところに魅力的なミュージアムが点在するこの街の中でも、大規模美術館や文化施設、名門画廊や気鋭のギャラリーが集まるエリアといえば岡崎だ。

また明治時代、琵琶湖疏水の開発と勧業博覧会の開催を機に近代的な文化ゾーンとして整備された岡崎は、別荘地としての顔も持つ。当時の政治家や実業家が競うように建てた別荘は、琵琶湖疏水の水を取り込んだ美しい庭園を持ち、そのいくつかは現在一般に公開されている。東山沿いに点在する名刹とあわせて、庭園めぐりもおすすめ。

京都・岡崎って
どんなところ？

文化と緑に囲まれる
京都人の憩いの場

1895（明治28）年の勧業博覧会跡地から整備された京都屈指の文化ゾーン。京都市京セラ美術館や京都府立図書館など今も活用されるレトロな近代建築、広々とした岡崎公園に琵琶湖疏水、おしゃれなカフェやベーカリーに平安神宮の大鳥居が並び立ち、京都らしさと開放感が同居する。少し足をのばせば、東山沿いの名刹めぐりや庶民的な商店街歩きも楽しめる。

京都国立近代美術館横の琵琶湖疏水は桜の名所

レトロな古川町商店街

Access

1 京都国立近代美術館まで

［1］京都市営地下鉄東西線「東山」駅、京都市バス「東山三条」バス停下車 徒歩約10分
駅から少し歩くけれど、早く着きたいなら地下鉄がベスト。途中で渡る風情たっぷりの白川で記念写真を。

［2］京都市バス「岡崎公園 美術館・平安神宮前」バス停下車 徒歩すぐ
とにかく歩きたくないなら市バスが便利。ただし観光シーズンは混み合う＆ダイヤの乱れを覚悟の上で。

［3］京都市バス「東山仁王門」「東山二条・岡崎公園口」バス停下車 徒歩約10分
京都市内からならこちらも選択肢に。通るバス路線が多く生活路線も含むため、比較的混雑はおだやか。

平安神宮の大鳥居は一帯のシンボル

岡崎公園では市が開かれることも

↓ 近くのミュージアムにもGO!!

並河靖之七宝記念館

日本を代表する七宝家・並河靖之の自宅兼工房を生かした邸宅美術館。超絶技巧の七宝作品のほか、七代目小川治兵衛作庭の美しい日本庭園も見どころ。

CHECK P.100

細見美術館

細見家三代の収集品を基礎に、神道・仏教美術や茶の湯、江戸絵画などの日本美術が充実。華麗な意匠性が感じられる琳派や伊藤若冲の企画展が人気。

CHECK P.86

京都市京セラ美術館

日本画、洋画、彫刻、工芸品など京都画壇の美術作品を中心に約4400点のコレクションを誇る。京都を代表する近代建築の意匠も鑑賞したい。

撮影：米田猛

CHECK P.18

緑や桜の琵琶湖疏水を眺めながらのんびり過ごせる1階ロビー

1

岡崎の風景を取り込む美の殿堂

京都国立近代美術館

鉄と石、ガラスを組み合わせた建築は、建築界のノーベル賞とも言われるプリツカー賞を受賞した世界的な建築家・槇文彦が設計したもの。随所に岡崎の景色と自然光が取り入れられたロビーや階段室が、展覧会の記憶をいっそう鮮やかに彩ってくれる。１階から３階まで続く吹き抜けの大階段も見どころ。近代美術を中心とした年４～６回の企画展の人気が高いが、明治～大正初期の日本工芸や、フランスで活躍した画家・版画家の長谷川潔の作品群など、１万3000点を超える多彩な収蔵品も充実。それらを楽しめるコレクション展も見逃せない。

きょうとこくりつきんだいびじゅつかん

(住) 京都市左京区岡崎円勝寺町26-1 (電) 075-761-4111

(時) 10:00～18:00（最終入館17:30） ※企画展開催時の金曜～20:00（最終入館19:30）

(休) 月曜（祝日の場合翌平日） (¥) 展覧会により異なる

3階の企画展示室まで続く大階段や、4階のコレクション・ギャラリーも見逃せない。写真は日本随一の規模を誇る河井寛次郎作品のコレクションなど

シンメトリーデザインの外観

\\ お気に入りの空間を探そう！ //

1階ロビー横のリチャード・ロング氏の作品や東南角の丸く壁が抜かれた階段室、大鳥居を間近に眺められる4階のロビーなど、展覧会以外にも見どころが

\\ 収蔵品ゆかりのお土産♪ //

ミュージアムショップ・アールプリュには収蔵品・展覧会グッズも豊富　1・2. 河井寛次郎作品をあしらった一筆箋各440円　3.「岸田劉生と森村・松方コレクション」展のA4クリアファイル440円

1

2

3

特別な器で最後まで熱々のまま味わえる生パスタは単品1400円～。サラダ・ドリンクセットも

疏水を眺めながら熱々パスタを
Café de 505

京都国立近代美術館併設で、カフェのみの利用もOK。熱々グツグツ状態でサーブされる自家製生パスタが名物で、ソースは季節替わりや特別展に合わせたものなどバリエーション豊富。明るいガラス張りの店内は、琵琶湖疏水に面した開放感いっぱいのテラス席が特に人気。

カフェ・ド・ゴマルゴ
㊐ 075-771-5086
㊓ 10:00～18:00 (17:30LO)
㊡ 京都国立近代美術館に準ずる

\\ 絵画のようなひと皿! //

サラダや大福など、季節で変わるメニューにワクワク

ティーフーズは京都の四季を表現したんだって♪

2 名庭園を望む優雅なひととき
平安神宮会館

平安神宮の東神苑を眺めながら楽しめる、日時限定・要予約の京アフタヌーンティーを実施。日本の四季を表現した彩りも鮮やかなスイーツなどが、2時間のカフェフリーで味わえる。

へいあんじんぐうかいかん
(住) 京都市左京区岡崎西天王町97
(電) 075-708-2351(レストラン受付)
(時) 11:00～17:00(16:30LO)
(休) 火・水曜

京アフタヌーンティーセットは、約17種の軽食とスイーツ、オーガニックティーなどのドリンク飲み放題がセット。優雅な席に気分が上がる!

日によって部屋が変わることもあるけれど、庭園を間近に眺められるのは共通

手作りタルトやランチが人気
喫茶 六花

東山駅近く、レトロな古川町商店街のすぐそば。どこか懐かしいナチュラルテイストの外観が目印の、家族で営むアットホームな雰囲気の喫茶店。季節のフルーツを使った自家製タルトや、自家菜園でとれた野菜をたっぷり使ったランチなど、手作りの味にほっと心が和む。

きっさ ろっか
(住) 京都市東山区稲荷町南組577-4
(電) 075-541-3631
(時) 11:00～18:00(17:40LO) (休) 火・水曜

旬のフルーツをたっぷり使ったタルトはひと切れ750円～。サックサクのタルト生地も人気の理由

3 明治を代表する庭園と建築は必見
平安神宮

1895（明治28）年、平安遷都1100年に際し桓武天皇を御祭神に創建。平安京大内裏の正庁・朝堂院を縮小復元した社殿は重要文化財。七代目小川治兵衛が手掛けた広大な神苑も見事。

へいあんじんぐう
㊟ 京都市左京区岡崎西天王町97
㊬ 075-761-0221
㊭ 6:00～18:00（神苑は8:30～16:30最終受付 ※季節により異なる）
㊡ 無休　¥ 境内自由（神苑600円）

information

2025年に創建130周年を迎え、2026年3月15日には「平安神宮百三十年祭」を予定する平安神宮。現在は、社殿の耐震補強・塗り替え工事や、重要文化財のチンチン電車の移設・修繕が進行中。

4 京の美しい技や工芸品が大集合！
京都伝統産業ミュージアム

西陣織や京焼・清水焼などの有名どころから、京くみひもや京漆器・京唐紙・京扇子など日常に取り入れたいもの、清酒や京菓子などの食品など、京都市の伝統産業74品目を紹介するミュージアム。京に息づく美と伝統の技に触れられる。

きょうとでんとうさんぎょうミュージアム
㊟ 京都市左京区岡崎成勝寺町9-1 京都市勧業館みやこめっせ B1F
㊬ 075-762-2670
㊭ 10:00～18:00（最終入館17:30）
㊡ 不定休　¥ 500円

＼ショップも逸品ぞろい♡／

入場無料エリアのミュージアムショップ。ここでは、今の暮らしに寄り添う京都の伝統工芸品が、棚を賑わせる

カマンベールチーズトースト940円（サラダ・ベーコンは別料金）

白い建物に木枠のドアや黒板がぬくもりを添える入口。店内は、窓の外に広がる疏水と木々の緑に目を奪われる空間

緑と水を眺めて焼きたてパンを
Lignum

みやこめっせから徒歩約5分、大きな窓から琵琶湖疏水を眺める人気ベーカリーカフェ。種類豊富な焼きたてパンはもちろん、モーニングに人気のトーストプレートや、旬のフルーツを生かしたブランチなど豊富な店内メニューが魅力。

リグナム
㊟ 京都市左京区岡崎円勝寺町36-1 1F
㊬ 075-771-1711
㊭ 9:00～18:00（ドリンク17:00LO、フード17:30LO）、土・日曜・祝日8:00～　㊡ 月曜

5
総理大臣が愛した新時代の庭
無鄰菴

要予約

明治～大正時代の政治家、山縣有朋の旧別荘で、国の名勝。庭造りが趣味だった山縣の指示に基づき、明治の名作庭家・七代目小川治兵衛が手掛けた庭園は、近代日本庭園の傑作とされる。広々とした芝生や、琵琶湖疏水から引き込んだ豊かな水の流れなど、従来の日本庭園にない工夫が凝らされた庭園は、新時代を感じさせる明るい雰囲気が魅力。山縣が愛した眺めが当時のまま楽しめる母屋は、現在は庭園カフェに。

むりんあん
㊟ 京都市左京区南禅寺草川町31
㊫ 075-771-3909
㊰ 4～9月 9:00～18:00（最終入場17:30）、10～3月 ～17:00（最終入場16:30） ㊡ 12月29～31日
¥ 600円（時期により異なる）、完全予約制（公式サイトから申し込み・事前決済）

©植彌加藤造園

母屋の座敷からは、借景の東山まで一体感のある庭園の眺めやせせらぎの音が楽しめる。スイーツとドリンクが選べる喫茶セットは1200円

歴史を目撃した
豪華絢爛な
洋館にも注目

©植彌加藤造園

©植彌加藤造園

江戸時代初期の金碧花鳥図障壁画と格天井に囲まれた洋館応接室

洋館2階には山縣が伊藤博文らと日露開戦前の外交を検討した「無鄰菴会議」の部屋が

オリジナルグッズも！

山縣有朋が愛でた庭の5要素をシンボリックにデザインしたオリジナルエコバッグ
©植彌加藤造園

金と青で表現された蓮の襖絵が60枚並び、荘厳な雰囲気の華頂殿

室町時代、相阿弥の作庭と伝わり、明治時代に七代目小川治兵衛が改修を手掛けた庭園

6 庭園と襖絵に息をのむアートなお寺

青蓮院門跡

代々皇室や摂関家出身の僧侶が住職を務めた門跡寺院。室町時代の相阿弥作と伝わる池泉回遊式庭園は、中央に美しい翡翠色の龍心池、周囲を御所風の建築と渡り廊下に囲まれ、優美な雰囲気。アーティスト・木村英輝氏による60面の襖絵が彩る華頂殿の内部もフォトジェニック。

しょうれんいんもんぜき
(住) 京都市東山区粟田口三条坊町69-1
(電) 075-561-2345
(時) 9:00～17:00（最終入場16:30）
(休) 無休　(¥) 600円

ご本尊の熾盛光如来にちなんで春と秋に行われる、夜間拝観の美しさにも定評あり。改修工事による休止を経て2025年再開予定

京町家×世界のコーヒー

ブルーボトルコーヒー 京都カフェ

鮮度と品質にこだわる、カリフォルニア発コーヒー店の関西1号店。築100年超えの京町家をリノベーションしたモダンな「京都カフェ」で、1杯ずつハンドドリップしたコーヒーが味わえる。「はなれ」の2階では、世界初となるコーヒーのコースを提供するプロジェクトを春と秋限定で開催。

ブルーボトルコーヒー きょうとカフェ
(住) 京都市左京区南禅寺草川町64
(電) 非公開　(時) 9:00～18:00
(休) 不定休

バリスタが丁寧に、注文を受けてからすぐ淹れるブレンドコーヒー594円～

道に面した手前が「はなれ」で、1階では京都限定品を含むオリジナルアイテムを販売。奥の建物が町家の趣を生かした「京都カフェ」

photo Takumi Ota

ART MUSEUM SANPO IN KANSAI
AREA: 03

ミュージアム
&港町さんぽ

神戸・三宮

SANNOMIYA, KOBE

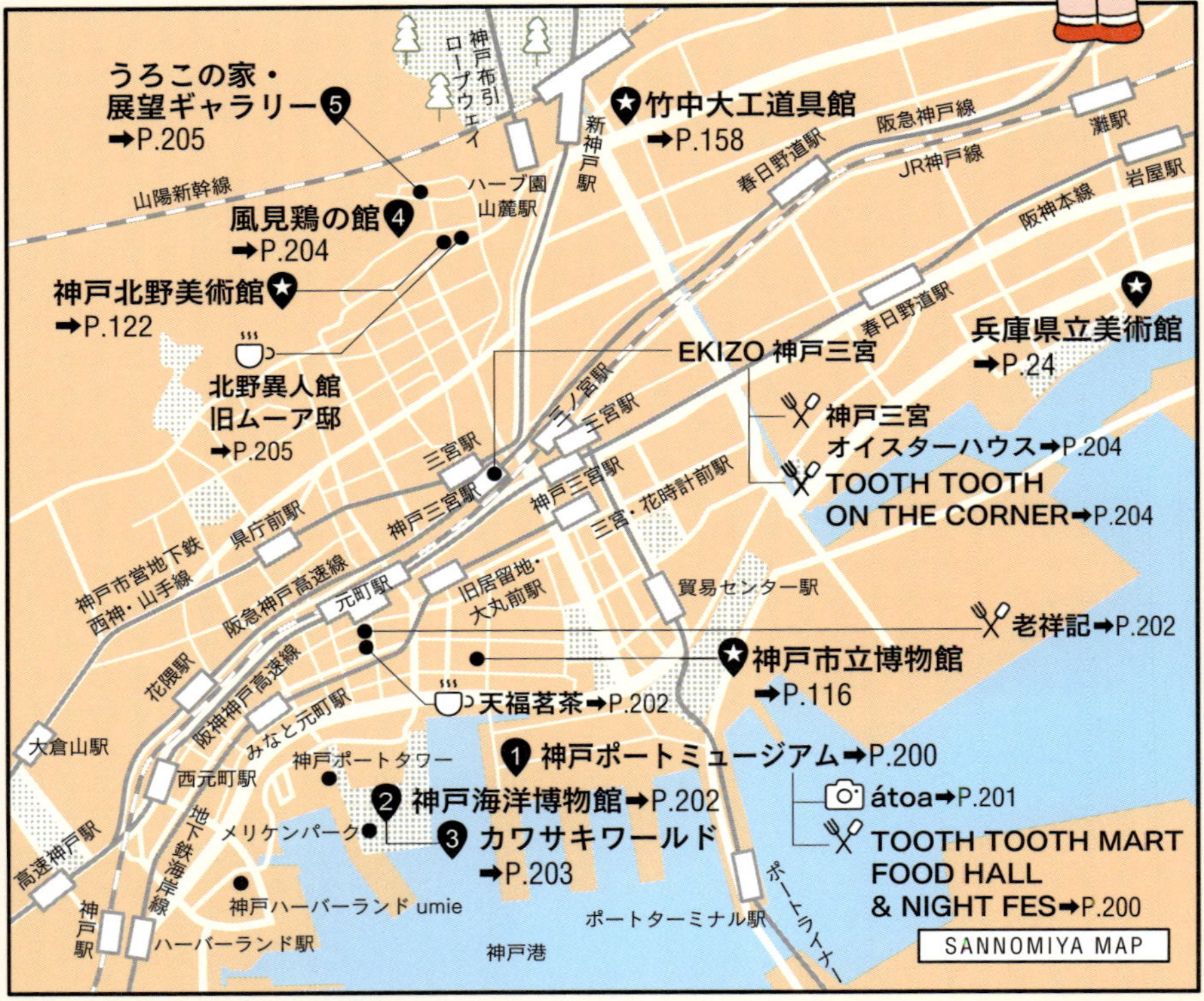

東西に広い大都市の中心エリアを港から山手まで

港町・神戸のイメージを形作ってきたのは、六甲山系と瀬戸内海に挟まれたエリア。東西に長くのびる地形もあって、カルチャー施設も三宮・灘・六甲アイランドなどに分散している。

そのなかで、注目のアートスポットを効率よく回りつつ、阪神・淡路大震災の被害を乗り越えて再開発が進む港周辺から、古くからの国際港の歴史が残る街中まで、神戸の全体像にも触れられるのが三宮エリアだ。

新施設がオープンし活気付く新港突堤、記念撮影したくなるモニュメントが多数設置されたメリケンパーク、異人館が点在する山手と、新旧の「神戸の顔」を楽しみながら歩こう。

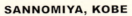

神戸・三宮って
どんなところ？

進取の気風と歴史が両立する国際都市

日本を代表する国際港・神戸港により国際貿易都市として発展してきた神戸の中心街。再開発で整備が進む港周辺のほか、幕末の開国後発展した旧外国人居留地と北野異人館街、西日本最大規模のチャイナタウン・南京町など、歴史と国際色豊かな街歩きもおもしろい。ハイブランドの直営店や小規模でもキラリと光る雑貨・アパレル店、カフェなど、センスのよいショップも。

メリケンパーク付近は神戸らしい港の景色を眺めることができる

日本三大中華街のひとつ、南京町

↓ 近くのミュージアムにもGO!!

神戸北野美術館

2024年11月リニューアルオープン。1898（明治31）年築の旧アメリカ領事館官舎を生かした建物は「ホワイトハウス」という愛称で親しまれている。

CHECK P.122

竹中大工道具館

国内で唯一の大工道具の専門博物館。原寸大の唐招提寺金堂の柱の模型や貴重な図案などを展示。ものづくりの歴史と伝統を間近で体感できる。

CHECK P.158

神戸市立博物館

国宝の桜ヶ丘銅鐸・銅戈群など考古歴史資料、国際交流の窓口だった神戸ならではの南蛮美術や古地図など約8万点を収蔵。国登録有形文化財の建築も必見。

CHECK P.116

兵庫県立美術館

西日本最大級の美術館で、安藤忠雄氏設計の建物も見どころの一つ。小磯良平や金山平三など兵庫ゆかりの作家を中心に1万3000点以上の作品を所蔵。

CHECK P.24

Access

❶ 神戸ポートミュージアムまで

[1] 神姫バス「新港町」バス停下車 徒歩すぐ

JR「三ノ宮」、神戸市営地下鉄「三宮」、阪急・阪神「神戸三宮」からはバスが便利。港側から山手の異人館側まで1日めぐるなら、1日乗車券のある周遊バス「ポートループ」「シティーループ」もおすすめ。

[2] 神戸市営地下鉄海岸線「旧居留地・大丸前」駅下車 徒歩約15分

[3] JR・阪神「元町」駅下車 徒歩約20分

歩きたい人は［2］［3］のアプローチもアリ。その後のルートは「ポートループ」「シティーループ」を活用して。南京町やメリケンパークはJR神戸駅も近い（徒歩約15～20分）。

五感で楽しむ水の絶景と神戸グルメ

1 神戸ポートミュージアム

アクアリウムとアートが融合した劇場型アクアリウム「アトア」、神戸のグルメを楽しめるフードホールと、水族館での挙式や撮影などを提供するブライダルデスクが一体になった複合施設。六甲山の隆起と水による浸食で生まれた神戸の地形をイメージしてつくられた外観は、2022年度のグッドデザイン賞を受賞。六甲山地と瀬戸内海・西島の採掘場からそれぞれ骨材を採取して使用するなど、神戸の地に根ざしたマテリアルも要チェック。

こうべポートミュージアム

住 神戸市中央区新港町7-2

1

2

3F

1.光の切り絵で日本の四季を演出する「MIYABI-和と灯の間」 2.水底にいるようなオーバーハング水槽「átoa sky」

©átoa

1F

飼育員監修のぬいぐるみなどを扱うミュージアムショップ

中身はチョコクリーム!

4F

広場の「átoa cafe」で買える手のりカワウソまん660円

外観はクールな印象

フードホールは22時まで営業! 夜も遊べる♪

神戸の定番グルメが大集合!

TOOTH TOOTH MART FOOD HALL & NIGHT FES

神戸発祥のブランド「TOOTH TOOTH」がセレクトした9ショップが集うフードホール。約400席の広々とした空間で、神戸牛ローストビーフ丼や兵庫県産牛乳を使ったクラフトチーズ、手包み小籠包など、神戸らしいグルメが存分に堪能できる。

トゥース トゥース マート フード ホール&ナイト フェス

電 078-777-4091

時 11:00〜22:00(フード21:00LO、ドリンク21:30LO)※季節によって変動 休 不定休

バーカウンターの上に巨大な水槽!

「Chaque Jour Epanoui」「PASTA MASTA」など専門店がずらり

淡路島牛乳を使った海のソフト580円はミルキーな味わい

「PLANETS-奇跡の惑星」ゾーンには日本最大級の球体水槽「AQUA TERRA」が鎮座

アートと生きものが融合する水族館
AQUARIUM × ART átoa

舞台美術やデジタルアートを駆使した、空間演出やユニークな水槽デザインが特徴。音・光・香りなど五感で感じる演出が、幻想的な世界へ誘う。

アクアリウム バイ アート アトア
㊣ 078-771-9393
㊐ 10:00～19:00（最終入館18:30、アトアカフェはフード18:00LO、ドリンク18:30LO）
㊡ 無休（メンテナンス休館あり） ¥ 2600円

2F

2 1

1.「MARINE NOTE-生命のゆらぎ」ゾーン。1階フードホールからも見上げられる水槽
2.「ELEMENTS-精霊の森」ゾーンでは淡水魚や両生類が

photo : Forward Stroke inc.

2 歴史ある神戸港に詳しくなろう
神戸海洋博物館

神戸開港120年を記念して1987（昭和62）年に開館し、「神戸とみなとのあゆみ」をテーマに2020年リニューアル。神戸の歴史と海・船・港の過去・現在・未来が展示されており、大迫力のイギリスの戦艦「ロドニー号」の模型など数多くの船舶模型は見もの。トリックアートのフォトスポットや専門職の仕事を体験できるシミュレーターなどで、船や港の仕組みと役割が丸ごと体感できる。

大型の模型はもちろん、ゲーム感覚で航海士の仕事を体験できる「神戸港 操船シミュレーター」など、大人も子どもも楽しめる展示がたくさん

神戸と港、
切り離せない
関係なんだね～

PORT OF KOBE SHIP

南京町の気軽なグルメ

並んでも食べたい、熱々の豚饅頭
老祥記

1915（大正4）年創業、中国の天津包子（テンシンパオツー）を日本人になじむようにアレンジした豚まん専門店。麹で発酵させたもっちり皮とジューシーな肉汁が評判。

元祖豚饅頭5個 600円

ろうしょうき

(住) 神戸市中央区元町通2-1-14
(電) 078-331-7714
(時) 10:00～18:30（売り切れ次第終了）
(休) 月曜（祝日の場合翌日）

※2025年2月～10月は建て替えのため向かいの姉妹店で営業（不定休）

バラエティ豊かな中国茶を堪能
天福茗茶

世界に店舗を持つ中国茶専門店が2013（平成25）年にオープンした日本1号店。1階は茶器などの販売、2階は自家製スイーツが味わえる茶藝館で、テイクアウトは店先で受け取れる。

珍珠奶茶（アイス） 550円

てんふくめいちゃ

(住) 神戸市中央区栄町通2-8-15
(電) 078-333-0229
(時) 11:00～18:00、カフェは11:30～17:30（17:00LO）
(休) 不定休

0系新幹線・先頭車両の実物を展示。運転席にも入ることができる

ヘリコプターの客室って意外に広い！

川崎バートルKV-107II型ヘリコプター（実物展示）の客室に入ったり、バイクやオフロード四輪のシートに座ったりできる体験コーナーも

③ 川崎重工のテクノロジーが集合！
カワサキワールド

神戸市に本社を置く川崎重工グループの企業博物館で、神戸海洋博物館に併設。川崎重工の技術が集積した新幹線やヘリコプターの実物展示、モーターサイクルギャラリー、運転体験ができる各種シミュレーションゲームなど、乗り物好き・機械好きなら大興奮まちがいなしの展示が充実。120年以上日本の重工業をリードしてきた川崎重工の歴史と、ものづくりの素晴らしさが実感できる。

あの乗り物も
この技術も
川崎製なんだ！

こうべかいようはくぶつかん・カワサキワールド
㊟ 神戸市中央区波止場町2-2　㊂ 078-327-8983
㊕ 10:00～18:00（最終入館17:30）
㊡ 月曜（祝日の場合翌平日）
¥ 大人900円（2館）

モーターサイクルギャラリーではレースで活躍したマシンや、歴代モデルなどの車両を展示。企画展も随時開催される

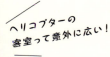

耐震改修工事を経て
2025年春に公開再開！

1978年に国の重要文化財に指定

4 風見鶏と赤レンガがシンボル

風見鶏の館

風見鶏は魔除けを
意味するんだって〜

異人館街の象徴として愛される、北野で唯一のレンガ装の建物。柱や梁がむき出しになった「ハーフ・ティンバー」というヨーロッパの伝統的な建築様式が使われ、重厚な雰囲気が特徴。ドイツ人貿易商のゴットフリート・トーマスの自邸として、1909（明治42）年頃に建てられた。

かざみどりのやかた
㊟ 神戸市中央区北野町3-13-3
㊒ 078-242-3223
㊐ 9:00〜18:00（最終入館17:45）　㊡㊎ 未定

※2025年春まで耐震改修工事中。再開予定など詳しくは公式サイトを確認

便利なEKIZO神戸三宮でディナーはいかが？

オールデイに楽しめるダイニング

TOOTH TOOTH ON THE CORNER

神戸発ブランドのデリカフェ＆ワインビストロ。近郊の食材を使ったフードと自然派ワインがそろう。写真は釜焼きロティサリーチキン2200円。

終日メニューが豊富

トゥース トゥース オン ザ コーナー

㊟ 神戸市中央区加納町4-2-1 EKIZO神戸三宮1F
㊒ 078-945-8131
㊐ 9:00〜23:00（フード22:00LO、ドリンク22:30LO）
㊡ 施設に準ずる

「牡蠣シャン」が楽しめるバー

神戸三宮オイスターハウス

全国から仕入れた新鮮な牡蠣が味わえるオイスターバー。焼き牡蠣はもちろん、グラタンなどのアレンジメニューも豊富。ソムリエが厳選したワインやシャンパンとも好相性。

特選生牡蠣
1ピース600円〜

こうべさんのみやオイスターハウス

㊟ 神戸市中央区加納町4-2-1 EKIZO神戸三宮1F
㊒ 078-595-9905
㊐ 11:00〜（フード22:00LO、ドリンク22:30LO）　㊡ 無休

調度や展示品にも注目♪

談話室をはじめ、館内には重厚なアンティーク家具や調度品、西洋の名磁器コレクションやガラス工芸品なども展示されている。応接間の窓の青と緑を基調とした美しいステンドグラスも要チェック

展望ギャラリーからの眺望も見事

5 うろこの家・展望ギャラリー

神戸で最初に公開された異人館。高級借家として明治時代後期に建てられ、最後の住人のE・ハリヤー氏は1968（昭和43）年まで暮らしたという。国登録有形文化財で、ひょうごの近代住宅100選にも選ばれている。3階からの眺望が素晴らしく、マティスやユトリロ、トロワイヨンの大作風景画など人気画家の絵画も鑑賞できる。

うろこのいえ・てんぼうギャラリー
㊟ 神戸市中央区北野町2-20-4
㊢ 0120-888-581　㊡ 10:00～17:00
㊝ 不定休　¥ 1100円

外壁の石はまるで
うろこみたい。
何枚あるのかな？

外壁は天然石のスレート（堆積岩の一種）約4000枚で覆われている。魚のうろこに似ていることから「うろこの家」の愛称に

サロンのような空間でティータイム

北野異人館 旧ムーア邸

1898（明治31）年に異人館「ラインの館」の建築主であるレルウェル夫人が設計し、100年以上にわたりムーア氏の一族の住居として使われていたコロニアル様式の館。邸内では老舗フランス料理店「銀座マキシム・ド・パリ」の味を受け継いだスイーツなどが味わえる。

きたのいじんかん
きゅうムーアてい
㊟ 神戸市中央区北野町2-9-3
㊢ 078-855-9789
㊡ 11:00～17:00
㊝ 火曜

天気のよい日はガーデン席も。洋酒の香りが漂うクリームをパイ生地でサンドした苺のミルフィーユセット2250円

③

京阪神からひと足のばして

アートトリップ

KANSAI MUSEUM GUIDE ART TRIP

京阪神から出発すると、関西はもちろん中国・四国も思ったより近い！
街中では出会いづらい壮大な眺めや、旅のおいしいものを楽しんで。

お城を望む丘に建つ
建築家・黒川紀章の
アート空間で憩う

和歌山城と対をなす重ね屋根など、黒川紀章のポストモダンな意匠が大迫力

大空間のロビーでアートの余韻に

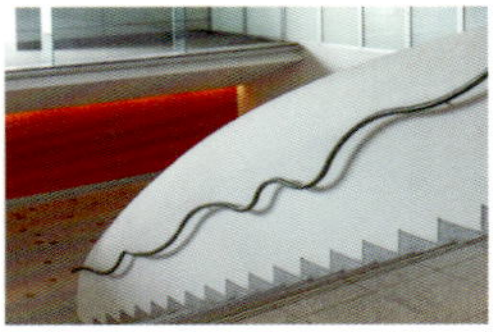

手すりの曲線は川の形をトレース

建物裏手。夏は美しい緑に映える

ART TRIP 1

GO TO 和歌山 × TO SEE モダンアート

和歌山県立近代美術館

THE MUSEUM OF MODERN ART, WAKAYAMA

JR和歌山駅・南海和歌山市駅からバスで約10分

近畿自動車道・阪和自動車道 和歌山ICから約12分

御三家城下町の風情とアートが出合う美術館

和歌山城の天守閣を間近に望む贅沢なロケーション。1963(昭和38)年に和歌山城内に開設された県立美術館が前身で、1994(平成6)年、現在の吹《ふき》上《あげ》の地に近代美術館として移転開館した。建築家・黒川紀章が手掛けた新館は、立ち並ぶ巨大な灯籠や特徴的な庇を配し、歴史ある街並みに新しい息吹を添えている。吹き抜けから自然光が降り注ぐロビーや、お城を一望できるガラス張りの空間からはアートへ寄り添う心が感じられる。まるで現代アート作品のような佇まいながら日本の伝統美が随所に息づくデザインは、多くの建築ファンを魅了してやまない。和歌山城との歴史的なつながりや熊野の自然との調和を意識した「共生の思想」が、建物全体を通じ表されている。

ピカソからロスコまで世界の巨匠たちによる約1万点の名品

常設展も充実。モダンアートの前で自由に思いをはせてみて

＼ 画集を見ながらお茶を ／

カフェから こんな眺めが

カフェの窓の先には御三家の風格が漂う和歌山城の天守閣が

1

2

3

1.美術館の2階にある「BRING BOOK STORE」は、美術本に囲まれた憩いのカフェ　2.チーズケーキなどのスイーツとコーヒーでゆったり　3.懐かしい雰囲気の黒板、カウンターのヴィヴィッドな色彩にも心が躍る空間

四季移ろう庭園を背景に 世界のモダンアートを

約1万点の収蔵作品は、和歌山ゆかりの浜口陽三の版画から、ピカソ、ルドンといった巨匠たちの作品、マーク・ロスコやフランク・ステラなど20世紀を代表するアーティストの作品まで幅広い。戦後関西の前衛美術家が結成した「具体美術協会」の作品群も見どころ。広々とした庭には熊野古道をイメージした散策路がめぐり、池や滝を配した日本庭園の趣も。散策後は美術書が並ぶカフェ「BRING BOOK STORE」へ。お茶の時間もアートに没頭したい。

和歌山県立近代美術館

わかやまけんりつきんだいびじゅつかん

㊟ 和歌山市吹上1-4-14
㊄ 073-436-8690　㊕ 9:30～17:00（最終入館16:30）
㊡ 月曜（祝日の場合翌日）
¥ 350円
※2025年4月11日まで休館

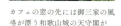

大自然に囲まれた
建物も、景色も
アートな別天地へ

2　1
3

1.美術館棟のエントランスから望む絶景　2.トンネルに続く吊り橋の向こうに美術館棟が　3.トンネル内は銀色の壁面に覆われ、春には桜、秋には紅葉が映り込む

ART TRIP
2

GO TO 信楽 × TO SEE 古代美術

MIHO MUSEUM

MIHO MUSEUM

JR石山駅からバスで約50分
新名神高速道路 信楽ICから約15分

山中深くに建てられた古代美術のための桃源郷

日本六古窯のひとつとして知られる焼物の地、信楽。その山中に佇むのがMIHO MUSEUMだ。日本をはじめエジプトやギリシャ、ローマ、中近東、中国など世界の古代美術を3000件以上収蔵し、そのうち250~500件を公開している。

建物は深い森に囲まれており、エントランスに立っても全容を一望することができない。これは周囲の自然景観に配慮した造りになっているためで、建築容積の8割が地下に埋設されている。ルーヴル美術館のガラスのピラミッドで知られるI・M・ペイが設計を手掛け、桃源郷をイメージして建てられたという。桜が植えられた並木道からトンネルをくぐり、吊り橋の先に美術館棟が現れるという趣向に鑑賞前から心が躍る。

＼自然の恵みも堪能／

1

2

1.館内のレストラン、カフェでは秀明自然農法で育てた食材を使用。写真は「レストランPeach Valley」で人気のおむすび膳。厳選されたお米や野菜の旨みがじんわり　2.開放感あふれる「カフェ Pine View」

織りなす陰影がいざなう いにしえの王たちの息吹

「美術を通して世の中を美しく、平和に、楽しいものに」という思いから誕生したこの美術館。創立者・小山美秀子《こやまみほこ》が約40年にわたり収集した茶道具、神道・仏教美術、書画、陶磁器、漆工など多彩な日本美術のほか、古代オリエント文化の希少なコレクションが圧巻。ガンダーラの高さ2・5メートルもある《仏立像》やアッシリアの《精霊と従者浮彫》などを間近で見ることができる。収蔵品を引き立てるよう光と色が計算し尽くされた展示室設計も見どころのひとつ。

1

エジプト、ローマ、中国…世界の古代美術に出合う

2

1.非日常の世界へトリップさせる幻想的な照明の展示室　2.パキスタン ガンダーラで出土した《仏立像》は2世紀後半の作。波打つ髪の上にのる肉髻はイラン民族の首長の髪形に由来するそう

MIHO MUSEUM

ミホ ミュージアム

住 滋賀県甲賀市信楽町田代桃谷300
電 0748-82-3411
時 10:00～17:00（最終入館16:00）
休 月曜（祝日の場合翌平日）※冬季休館あり
¥ 1300円

美しく生活を楽しむ セレクトショップ

北館と南館にショップがあり、南館ではオリジナルグッズのほか生活に潤いを届けてくれるようなステーショナリーや雑貨をセレクトしている。

北館ショップでは特別展の図録や関連グッズ、作家ものの和のうつわなどがずらりと並ぶ

琵琶湖のそばで
心静かに美の世界に
ひたる一日を

水庭に浮かぶように佇む美術館。自然に溶け込むような眺めに心が鎮まる

ART TRIP
3

GO TO 守山 × TO SEE 3人の作家

佐川美術館

SAGAWA ART MUSEUM

JR堅田駅からバスで約15分
名神高速道路 瀬田西ICから湖周道路経由約30分

折々に
＼ 表情が変わる ／

花や緑が水庭に彩りを添える

水の国・近江の自然と一体化した美術館

琵琶湖大橋のほど近く。湖の対岸に遥か比良・比叡の連山を望む風光明媚なロケーションにあるのが、佐川美術館だ。一帯は近隣の「草津市立 水生植物公園みずの森」と共に美しい自然の風景の中にあり、四季の移ろいがそのまま景色の変化となって訪れる人の目を楽しませる。

佐川急便が創業40周年記念事業の一環として１９９８（平成10）年に開館。数々の建築デザイン賞を受けた館は、水鏡になった巨大な水盤に美しい姿を浮かべ、光の波紋を放っている。

3人の作家の展示館で 絵と彫刻と 茶の真髄に迫る

＼ 平山郁夫館 ／

所蔵作品約320点から《楼蘭遺跡三題》や《大唐西域画》などを展示する平山郁夫館

生命感あふれる女性像

女性の内なる清新さをとらえた佐藤の代表作

佐藤忠良《帽子・夏》1972年

栄養たっぷりの
＼ 湯葉そば ／

「ミュージアムカフェSAM」での一服もおすすめ。比叡ころ湯葉そばセット1630円は、鶏ごぼうごはん・ドリンク付き

＼ 佐藤忠良館 ／

佐藤忠良館では、所蔵作約180点から「帽子シリーズ」をはじめ、子ども像、樹木のデッサンなどを紹介している

／ 樂吉左衛門館 ＼

1 2

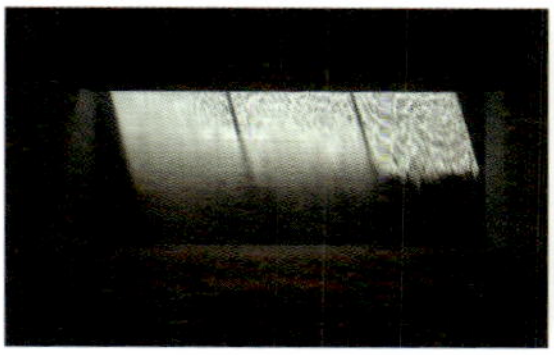

1.「守破離」をコンセプトに作家自身が設計創案・監修した樂吉左衛門館のエントランスロビー　2. シックな空間に黒樂茶碗や茶入、水指などが静かに並ぶ

佐川美術館

さがわびじゅつかん

㊟ 滋賀県守山市水保町北川2891
㊂ 077-585-7800
㊕ 9:30～17:00（最終入館16:30）
㊡ 月曜（祝日の場合翌日）
¥ 企画展ごとに異なる
※企画展開催中の入館はWEB予約制
※2025年10月から2026年6月までリニューアルに向けた全館メンテナンスにつき休館予定

CHECK グッズにP.176もチェック

水庭を伝い「平和」「詩」「侘び・寂び」の世界へ

満々と水を張る池に「現代の神殿」を思わせる2棟と、ヨシとヒメガマに囲まれた茶室が並ぶ。被爆の後遺症に悩まされるなか「平和の祈り」を込めて画業を積み重ねた日本画家の平山郁夫、日常に垣間見る「人間の美」を追求した彫刻家の佐藤忠良、陶芸家の十五代樂吉左衛門《らくきちざえもん》（現・直入《じきにゅう》）の作品を常設展示。直入は茶の湯の三千家の茶碗師ながら前衛的な作品でも知られ、「伝統と革新」を体現した作品とじっくり向き合える。

ヴァティカン・システィーナ礼拝堂の天井画及び壁画《最後の審判》を空間ごと再現

ART TRIP
4

GO TO
徳島
×
TO SEE
陶板名画

大塚国際美術館

OTSUKA MUSEUM OF ART

JR鳴門駅からバスで約15分
神戸淡路鳴門自動車道 鳴門北ICから約3分

《真珠の耳飾りの少女》のまなざしに凝然

《モナ・リザ》との2ショットもOK

世界26カ国190館の名画1000点を原寸で再現

世界に誇る技術が生んだ陶板名画の殿堂

うず潮で知られる鳴門の海辺に、大塚グループ創立75周年記念事業として誕生したのは1998（平成10）年。特殊技術により、2000年以上も色あせることのない陶板に、世界の名画を原寸大で再現。後世にその姿をとどめ伝えていく画期的な試みだ。地下3階・地上2階という国内最大級の展示空間に、古代から現代まで西洋絵画の至宝が一堂に会する。日本にいながら世界の名画が堪能できる贅沢空間に感動必至。美術との新たな出合いの場となっている。

時を超えて蘇る世界の至宝との邂逅

繊細な筆致や色彩まで忠実に再現された原寸大の陶板画は、原画と見紛うほど。システィーナ礼拝堂の天井画はその空間ごと再現。モネの《睡蓮》、レオナルド・ダ・ヴィンチの《最後の晩餐》など、誰もが知る世界の名画も間近でじっくり味わえる。また、戦禍で失われたゴッホの《ヒマワリ》や、各地に分散している作品群を一堂に集めるなど、この美術館ならではの粋な試みも。約4キロメートルに及ぶ鑑賞ルートで、思う存分アートの世界に没入できる。

＼ 睡蓮を眺めながらランチ ／

地下2階の「カフェ・ド・ジヴェルニー」ではランチやお茶を。上は鳴門の海の幸が楽しめる、うずしお海鮮丼1500円
※庭の睡蓮の開花は6～9月中旬

屋外展示《モネの大睡蓮》

大塚国際美術館

おおつかこくさいびじゅつかん

住 徳島県鳴門市鳴門町土佐泊浦字福池65-1
電 088-687-3737
時 9:30～17:00（入館券の販売は16:00まで）
休 月曜（祝日の場合翌日）※1月は連続休館あり、その他特別休館あり。8月は無休
¥ 3300円

心が震えた名画はグッズで手元に

名画をモチーフにしたミニ陶板やお菓子など、オリジナルアイテムが充実。感動を持ち帰りたい。

約55種類あるミニ陶板。額装品A陶板（金色額付）4000円

CHECK グッズはP.176もチェック

※画像は大塚国際美術館の展示作品を撮影したものです

緑豊かな屋島の
麓に点在する
33棟の人智遺産

1.かつて讃岐に多くあった砂糖しめ小屋のひとつ　2.散策路には四季折々の花が　3.高台には明治期の灯台も

ART TRIP 5

GO TO 香川 × TO SEE 野外博物館

四国村ミウゼアム

SHIKOKUMURA MUSEUM

ことでん琴電屋島駅から徒歩約5分、JR屋島駅から徒歩約10分

高松自動車道　高松中央ICから約15分、志度ICから約20分

屋島の麓に佇む懐かしい古民家と建築

国の天然記念物・屋島の山麓に広がる約5万平方メートルの敷地に、江戸～大正時代に四国とその周辺に建てられた古民家などを移築・復原した野外博物館。愛らしい円錐形の茅葺き屋根は讃岐の一大産業・砂糖づくりを支えた砂糖しめ小屋だ。さらに和紙原料の楮《こうぞ》を蒸した小屋や醤油蔵など四国の産業を伝える建物に、農漁村にあった民家、灯台守が暮らした退息所《たいそくじょ》など33棟が豊かな自然のなかで見学できる。鳥の声や風に包まれる散策で心が潤ってくるよう。

＼この建物も瀬戸芸2022の参加作品！／

2022年に誕生したエントランス棟「おやねさん」は川添善行氏の設計

香川に行ったら、
＼ こちらにも足を伸ばしたい！ ／

瀬戸内国際芸術祭

大巻伸嗣《Liminal Air -core-》 Photo: Yasushi Ichikawa

2010年以来3年に一度、瀬戸内海の島々を舞台に開かれている現代アートの祭典。国内外から約100万人が訪れる。2025年は香川県側の沿岸部も加わり、全17エリアでの開催に。

瀬戸内国際芸術祭2025
せとうちこくさいげいじゅつさい
［開催日程］
春会期：4月18日〜5月25日
夏会期：8月1日〜8月31日
秋会期：10月3日〜11月9日
［開催地］
瀬戸内海の島々と沿岸部の全17エリア
［問い合わせ］
瀬戸内国際芸術祭実行委員会事務局
㊟ 香川県高松市サンポート1-1
（高松港旅客ターミナルビル3F）
㊫ 087-813-0853

現代と過去が融け合う 四国村ギャラリー

1
ピエール・ボナール《裸婦》
フランス 1941年

2
《ラスター彩 文字植物文柱子口瓶》
イラン 12〜13世紀

3
《ラスター彩 駱駝》
イラン 13世紀

1.ナビ派の画家・ボナールの色彩と情感豊かな筆致 2.美しい輝きを放つペルシャのラスター彩 3.同じくラスター彩の器で、一部を人間国宝・加藤卓男が修復

＼ 大人気の讃岐うどん ／

「四国村 わら家」では本場の讃岐うどんが味わえる。特大うどん（約2人前）1200円

異人館カフェでひと休みも

手作りケーキや軽食がゆったり味わえる「四国村カフェ」。神戸の異人館を移築

海外からの視線も熱い アートな造形がいっぱい

四国村ミウゼアムは瀬戸内国際芸術祭の会場のひとつ。国の重要有形民俗文化財に指定されている建築や民具はもちろん、村内には彫刻家・流政之の作品をはじめ多数のアート作品があり、これらも見逃せない。また「四国村ギャラリー」は、四国村創設者・加藤達雄が収集した古代の器や彫刻から近現代の名だたる作家作品まで約900点を収蔵。設計は安藤忠雄氏で、その美しいフォルムにも注目だ。

四国村ミウゼアム
しこくむらミウゼアム
㊟ 香川県高松市屋島中町91
㊫ 087-843-3111
㊐ 9:30〜17:00
（最終入村、四国村ギャラリー16:30）
㊡ 火曜（祝日の場合翌日）
¥ 1600円

倉敷美観地区の町並みに溶け込む大原美術館本館。丸窓やイオニア式柱頭など建築も見どころ

白壁の町並みに佇む
古代ギリシャ・
ローマ神殿風の館

ART TRIP 6

GO TO 倉敷 × TO SEE 世界の美

大原美術館

OHARA MUSEUM OF ART

JR倉敷駅から徒歩約15分

山陽自動車道 倉敷IC、瀬戸中央自動車道 早島ICから約20分

美観地区に厳かに映える芸術の聖地

白壁が美しい町家や歴史的建造物が点在する倉敷美観地区のシンボル的存在、大原美術館。日本最初の西洋美術を中心とした私立美術館として1930（昭和5）年の開館以来、人々を魅了し続けてきた。古代ギリシャ・ローマ神殿風の建物は、岡山出身の建築家・薬師寺主計《かずえ》によるもの。江戸時代からの町並みと調和を見せながら、優美な存在感を放つ。正面に並ぶイオニア式の巨大な柱や特徴的な庇、丸窓など、随所に美しいディテールがあり、見る者の心を惹きつける。1991（平成3）年には明るく開放的なアトリウムが増築され、伝統と革新が織りなす新たな魅力も加わった。観光客だけでなく、多くの芸術家や文化人が訪れる芸術の聖地として、今なお輝き続けている。

2　1

1. 大原美術館へと続く石畳の道。両側に並ぶ町家が歴史を物語る
2. 倉敷川沿いの柳並木と白壁の町並み。ゆったりとした時の流れを感じる

世界の巨匠たちによる約3000件の名品を収蔵

エル・グレコ《受胎告知》 1590頃～1603年

セガンティーニ《アルプスの真昼》 1892年

世界の名画との出合いと心揺さぶる芸術体験

約3000件に及ぶコレクションの核となっているのは、倉敷の実業家・大原孫三郎が、親交の深かった画家・児島虎次郎に託して収集した珠玉の名品群。エル・グレコの《受胎告知》、モネ晩年の傑作《睡蓮》、ゴーギャンの《かぐわしき大地》など、世界的な名画を間近で鑑賞できる贅沢な空間だ。児島虎次郎が作家から直接購入した作品も多く、マティスの《マティス嬢の肖像》などは、モデルの娘本人が手放すのを惜しんだという。

本館、工芸・東洋館、児島虎次郎記念館の3館構成で、日本の洋画や工芸品なども充実している。近年は現代アートの収集や若手作家の支援にも力を入れ、時代を超えて美の世界を創造し続けている。訪れる度に新たな発見がある、まさに美の宝庫といえるミュージアムだ。

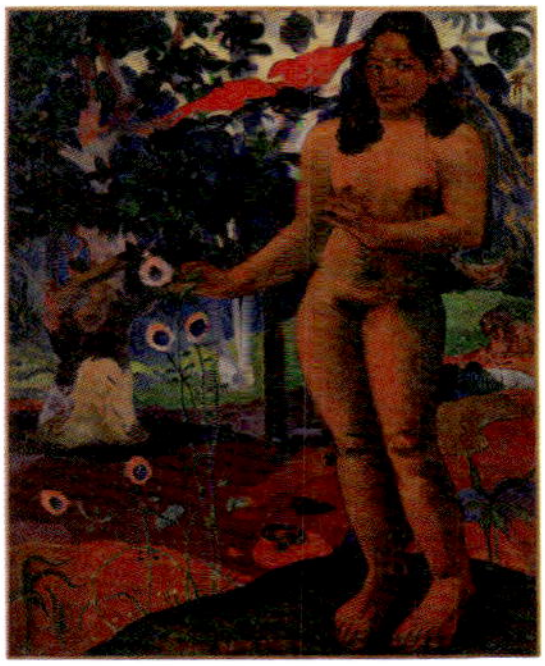

ゴーギャン《かくわしき大地》 1892年

濱田庄司、河井寛次郎 棟方志功など民藝の作家作品も充実する工芸・東洋館

大原美術館 おおはらびじゅつかん

(住) 岡山県倉敷市中央1-1-15
(電) 086-422-0005
(時) 9:00～17:00（最終入館16:30）、12～2月 ～15:00（最終入館14:30）
(休) 月曜（祝日の場合開館）※冬期臨時休館あり、詳細は公式サイト参照
(¥) 2000円（全館共通）

写真提供：公益財団法人大原芸術財団／大原美術館（P.218の1・2を除く）

美術に親しむ品々が集うミュージアムショップ

美術書や作品モチーフのアート雑貨など、センスのよいアイテムが勢ぞろい。本店と館内店があり、本店は美術館の閉館後も利用できる。

初期コレクションの作家の名前がデザインされた、ミュージアムバッグ大3630円

カラフルな可動展示室は浮力で動く。レイアウトは7パターンあるそう

坂茂設計の水盤に佇む展示室に今、世界が大注目

ART TRIP 7

GO TO 広島 × TO SEE 瀬戸内の美

下瀬美術館

SIMOSE ART MUSEUM

JR大竹駅・玖波駅からバスで約10分、ゆめタウンから徒歩約5分
山陽自動車道 大竹ICから約5分

〝世界一美しい〟美術館は瀬戸内のアートリゾートに

エントランス棟からのびる全長180メートルのミラーガラス・スクリーンが瀬戸内の風景を映し込み、8つのカラフルな可動展示室は海に浮かぶ島々を模す。光のキューブが水面に浮かんでいるかのような唯一無二の光景は、訪れる人の感性を解き放ってくれる。世界的建築家・坂《ばん》茂《しげる》氏の設計による下瀬美術館は2024年、ユネスコの建築賞「ベルサイユ賞」の美術館部門で最優秀賞を受賞した。

館内には海を望むガラス張りのカフェがあり、繊細な美食が楽しめるフレンチレストランや10棟のヴィラも併設。エミール・ガレの作品に登場する草花を中心に植栽した庭園もある。アートと建築、瀬戸内の自然が織りなす斬新な空間に、思わず心が弾む。

望洋テラスから瀬戸内の多島美を

木がのびやかなエントランス棟

鏡面が非日常の世界へといざなう

海の声が聞こえる レストランで 繊細かつ軽やかな フレンチを

\ アール・ヌーヴォーの美 /

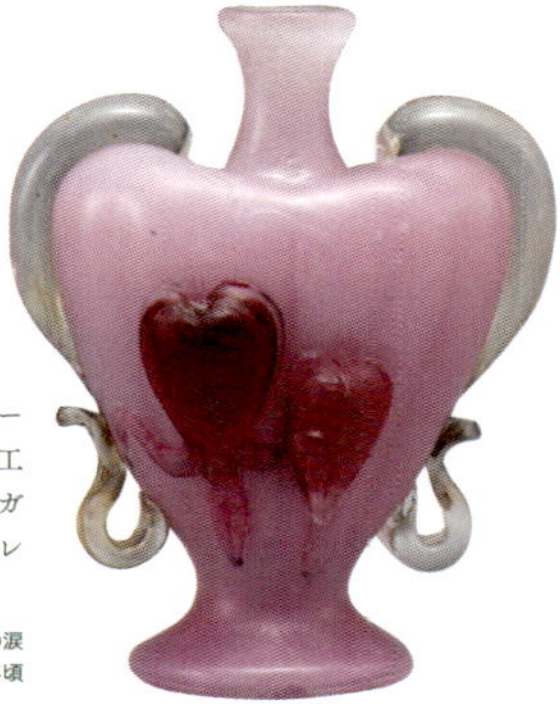

アール・ヌーヴォーを代表するガラス工芸家のエミール・ガレの作品は下瀬コレクションの核

エミール・ガレ《ハートの涙(ケマンソウ)》 1902年頃

瀬戸内海の景色が一望できる「SIMOSE French Restaurant」。有機野菜や新鮮な魚介など瀬戸内の地場食材を生かした創作フレンチは、味わうアート

/ 大胆な色彩と筆使い \

力強い黒の線で際立つダンサーの姿と軽快な筆致のチュチュが見どころ

アンリ・マティス《青いチュチュの踊り子》 1942年

京人形から西洋絵画まで 多彩なコレクション

約５００点の収蔵品は、丸井産業代表取締役・下瀬ゆみ子氏と両親が半世紀以上をかけて収集したもの。そのコレクションは京都の老舗・丸平大木人形店の雛人形や御所人形を原点として、やがてエミール・ガレのガラス工芸や家具、マティスやシャガールなど西洋絵画へと広がっていった。

この美術館では、いくつもの展示室を渡り歩く度に、新たなジャンルの美術品と出合えるのも楽しい。２０２４年には水盤の上に陶板作品を展示する新しい試みも。作品と建築が織りなす空間に、〝アートの中でアートを観る。〟という館のコンセプトそのもの。

風渡る瀬戸内に開かれた世界一美しい美術館で、新しく豊かな芸術体験が生み出されている。

下瀬美術館 しもせびじゅつかん

(住) 広島県大竹市晴海2-10-50
(電) 0827-94-4000
(時) 9:30～17:00(最終入館16:30)
(休) 月曜(祝日の場合開館)
(¥) 展覧会により異なる

手のひらにぎゅっと アート旅の思い出

ミュージアムショップには可動展示室をモチーフにしたアイテムや、ガレの技法を再現したガラス作品など、ここでしか手に入らないグッズがずらり。

SIMOSE ガレのかけら 5700円～

写真：©SIMOSE

INDEX

MUSEUM & GALLERY& SIGHTSEEING

GOURMET & CAFE

KANSAI MUSEUM GUIDE

STAFF

編集制作 ── アリカ

取材・執筆 ── アリカ（坂本綾、永野香、白木麻紀子、山部沙織、
西本遥菜、石嵜綾子、山下崇徳、水谷桃子）
岩本和子　佐藤和佳子　山形恭子　海江田文代
岡田香絵　三輪ゆうこ　津曲克彦　柚原靖子
上田ふみこ　二階堂ねこ　美作竹弥　若林浩哉

撮影 ── 三國賢一　マツダナオキ　たやまりこ（カリテリンク）

写真協力 ── 関係諸施設

表紙デザイン ── 八木孝枝

表紙・本文イラスト ── 中山信一

本文デザイン・組版 ── 亀山美穂（アリカ）
西村映美（フルーツドロップス）
尾﨑篤史（OZAKIYA）
高倉薫

印刷 ── 株式会社DNP出版プロダクツ

企画・編集 ── 朝日新聞出版 生活・文化編集部（岡本咲、白方美樹）

関《かん》西《さい》ミュージアムガイド

2025年4月30日　第1刷発行
2025年6月30日　第2刷発行
編　著　朝日新聞出版

発行者　片桐圭子

発行所　朝日新聞出版
〒104-8011　東京都中央区築地5-3-2
（お問い合わせ）infojitsuyo@asahi.com

印刷所　株式会社DNP出版プロダクツ

Published in Japan by Asahi Shimbun Publications Inc.
ISBN 978-4-02-334782-3